Klaus Zink • Manfred Hellmann

Das große Buch zu Microsoft

MONEY

Geld sparen durch perfektes Finanz-Management

DATA BECKER

Copyright	© 1993 by DATA BECKER GmbH Merowingerstr. 30 4000 Düsseldorf 1
	1. Auflage 1993
Lektorat	Peter Meisner
Schlußredaktion	Sibylle Feldmann
Umschlaggestaltung	Werner Leinhos
Titelfotos	Sascha Kleis
Text verarbeitet mit	Word 5.0, Microsoft
Belichtung	MAC, Studio für Satz und Design GmbH, Düsseldorf
Druck und buchbinderische Verarbeitung	Bercker, Kevelaer

Alle Rechte vorbehalten. Kein Teil dieses Buches darf in irgendeiner Form (Druck, Fotokopie oder einem anderen Verfahren) ohne schriftliche Genehmigung der DATA BECKER GmbH reproduziert oder unter Verwendung elektronischer Systeme verarbeitet, vervielfältigt oder verbreitet werden.

3-89011-625-6

Wichtige Informationen

Die in diesem Buch wiedergegebenen Verfahren und Programme werden ohne Rücksicht auf die Patentlage mitgeteilt. Sie sind für Amateur- und Lehrzwecke bestimmt.

Alle technischen Angaben und Programme in diesem Buch wurden von den Autoren mit größter Sorgfalt erarbeitet bzw. zusammengestellt und unter Einschaltung wirksamer Kontrollmaßnahmen reproduziert. Trotzdem sind Fehler nicht ganz auszuschließen. DATA BECKER sieht sich deshalb gezwungen, darauf hinzuweisen, daß weder eine Garantie noch die juristische Verantwortung oder irgendeine Haftung für Folgen, die auf fehlerhafte Angaben zurückgehen, übernommen werden kann. Für die Mitteilung eventueller Fehler sind die Autoren jederzeit dankbar.

Wir weisen darauf hin, daß die im Buch verwendeten Soft- und Hardwarebezeichnungen und Markennamen der jeweiligen Firmen im allgemeinen warenzeichen-, marken- oder patentrechtlichem Schutz unterliegen.

Vorwort

Mit Money fügt die Firma Microsoft ihrer Palette von Windows-Anwendungen ein weiteres Mosaikstück hinzu.

MS-Money ist nicht ganz neu, d. h., die aktuelle Version trägt die Nummer 2.0. Neu ist allerdings, daß das Produkt speziell für den europäischen (deutschen) Raum überarbeitet, d. h. den hier gültigen Buchführungsbestimmungen angepaßt wurde.

In den Jahren, in denen wir Schulungen abgehalten und entsprechende Unterlagen erstellt haben, erkannten wir immer wieder, daß auch ein gutes Handbuch (und solche erstellt Microsoft ohne Zweifel) für den Anwender nicht immer ausreichend ist.

Dies liegt zum einen daran, daß teilweise zu viele Informationen auf zu engem Raum stehen. Der Anwender verliert in diesem "Dschungel" fast immer den Überblick.

Zum anderen fehlt dem Anwender oft die praktische Anwendung, d. h. Tips und Anregungen, wie er das Programm seinen Anforderungen gemäß nutzen kann.

Das vorliegende Buch will das Handbuch nicht ersetzen. Es soll aber als sinnvolle Ergänzung dienen. Es ist so aufgebaut, daß sich Theorieteile mit kompletten Praxisbeispielen abwechseln.

Alles, was theoretisch dargestellt wurde, wird von fiktiven Personen mit unterschiedlichen Zielsetzungen in die Praxis umgesetzt. Natürlich können auch hier nicht alle Anwendungsbereiche abgedeckt werden, doch sollen Sie als Leser erkennen, wie Sie an die Bewältigung der Ihnen gestellten Aufgabe gehen können.

Das Vorwort eines Buches ist ein Forum, in dem man bestimmten Personen, die an der Erstellung beteiligt waren, seinen Dank aussprechen kann. Dies wollen wir hier keinesfalls versäumen.

An erster Stelle danken wir unserem Lektor Herrn Peter Meisner und seinen Mitarbeitern für ihre Mühen. Ohne diese reibungslose Zusammenarbeit wäre es keinesfalls möglich gewesen, das Buch in der vorgegebenen Zeit zu beenden.

Unser Dank gilt auch Herrn Nelle und Herrn Wörndel von der Firma Microsoft. Die beiden Herren standen uns immer Rede und Antwort, wenn wir auf ein Problem stießen, das wir nicht ohne weiteres lösen konnten.

Ein globales Dankeschön an unsere Familien, Freunde und die Mitarbeiter von DATA BECKER, die alle in irgendeiner Form an der Erstellung dieses Buchs beteiligt waren.

Dieses Buch wollen wir insbesondere zwei Personen widmen:

Meiner Großmutter, die stolz darauf gewesen wäre, daß ihr Enkel einmal ein Buch schreibt und Leonie Hellmann, die sicher einmal stolz darauf sein wird, daß ihr Vater ein Buch geschrieben hat.

Kaiserslautern, im Januar 1993 *Klaus Zink,*
Manfred Hellmann

Inhaltsverzeichnis

I	**MS-Money auf Ihrem Rechner einrichten**	**13**
1.	*Einsatzmöglichkeiten von MS-Money*	*15*
	1.1 Was kann MS-Money für Sie tun?	15
	1.2 Für wen ist MS-Money geeignet?	17
	1.2.1 Ob Privatperson oder Kleinunternehmer - Money kann ein jeder brauchen!	18
	1.2.2 MS-Money im Rahmen der Buchführungsvorschriften	19
	1.2.3 Die Grenzen von MS-Money	22
2.	*MS-Money installieren und einrichten*	*25*
	2.1 Systemvoraussetzungen	25
	2.2 Grundlagen von Windows 3.1	28
	2.2.1 Das Starten von Windows	29
	2.2.2 Die Oberfläche von Windows	30
	2.2.3 Wichtige Zusatzprogramme von Windows	38
	2.3 MS-Money installieren und starten	40
	2.4 Einrichten von MS-Money	46
	2.4.1 Die Arbeitsoberfläche von MS-Money	48
	2.4.2 Individuelle Konfiguration von MS-Money	54
	2.4.3 Öffnen und Sichern Ihrer Dateien	59
	2.4.4 Druckereinrichtung in MS-Money	62
II	**Erste Schritte bei der Finanzplanung**	**65**
3.	*Grundlagen I: Money-Grundbegriffe einfach erklärt*	*67*
	3.1 Was sind Kategorien?	67
	3.1.1 Die Definition von eigenen Kategorien	71

3.1.2	Die Definition von eigenen Unterkategorien	74
3.2	Was sind Konten?	74
3.2.1	Erstellen von neuen Konten	75
3.2.2	Der Kontolistenbericht schafft Übersicht	80
3.3	Der Empfänger	81
3.3.1	Definition von Empfängern beim Buchen	81
3.3.2	Arbeiten mit der Empfängerliste	82
3.3.3	Berichtserstellung für die Empfängerliste	84
3.4	Klassifikationen	89
3.4.1	Wozu dienen Klassifikationen?	90
3.4.2	Erstellen von Klassifikationen	90
3.4.3	Modifizieren von Klassifikationen	93

4.	*Praxisbeispiel I: Das erste Girokonto der Sabine Klug*	*95*
4.1	Die Studentin Klug richtet ihr erstes Girokonto ein	96
4.2	Frau Klug bucht BAFÖG, Miete und Bücher	102
4.3	Frau Klug blickt durch	107
4.3.1	Erstellen eines Buchungsberichts	107
4.3.2	Erstellen eines Sammelberichts	109
4.3.3	Bin ich reich? Der Vermögensbericht gibt Antwort!	111
4.4	Damit nichts verloren geht: Sichern der Money-Dateien	112

III	**Anspruchsvolles Finanzmanagement**	**115**

5.	*Grundlagen II: Was gibt es noch bei MS-Money?*	*117*
5.1	Wie wird ein Haushaltsbudget erstellt?	118
5.2	Rechnen mit dem Windows-Taschenrechner	123
5.3	Wohin geht die Reise: Der Währungsrechner	126
5.4	Was kostet ein Kredit: Der Kreditrechner von MS-Money	129

6.	*Praxisbeispiel II: Familie Groß kontrolliert ihre Finanzen*	*137*
6.1	Alle Konten unter einem Hut	138
6.2	Einordnen von Einnahmen und Ausgaben	140
6.3	Buchungen von Bar- und Kreditkartenzahlungen	143
6.4	Was ist, wenn Belege fehlen: Abstimmen der Konten	147
6.5	Budgetplanung und Vermögensbericht	150

7. Grundlagen III: Fortgeschrittene Möglichkeiten ... 157

- 7.1 Arbeiten mit Vordrucken ... 158
- 7.2 Zukünftige Zahlungen - Nie wieder eine Rechnung vergessen! ... 163
- 7.3 Kredite aufnehmen und verwalten: Mit Money kein Problem! ... 172
- 7.4 Gesplittete Buchungen ... 180
- 7.5 Berichtserstellung mit MS-Money ... 188
  - 7.5.1 Einnahmen- und Ausgabenbericht ... 189
  - 7.5.2 Steuerbericht ... 195
  - 7.5.3 Vermögensbericht ... 200
  - 7.5.4 Kreditbericht ... 204
  - 7.5.5 Umsatzsteuerbericht ... 208

8. Praxisbeispiel III: Schreinermeister Holz und seine Finanzen ... 211

- 8.1 Herr Holz zimmert sich sein MS-Money ... 212
  - 8.1.1 Definition der erforderlichen Konten ... 212
  - 8.1.2 Definition von Kunden- und Projektlisten ... 215
  - 8.1.3 Organisation der Lohnzahlungen ... 217
- 8.2 Eingabe der Geschäftsvorgänge ... 219
- 8.3 Neue Maschinen: Investitionen durch Kreditaufnahme ... 223
  - 8.3.1 Vorbereitung der Kreditaufnahme ... 224
  - 8.3.2 Buchung des Kredits ... 225
  - 8.3.3 Wie wirkt sich der Kredit buchungsmäßig aus? ... 226
  - 8.3.4 Kreditüberwachung ... 227
- 8.4 Das Finanzamt ruft: Vorbereitung der Steuererklärung ... 228
  - 8.4.1 Steuerbericht ... 229
  - 8.4.2 Umsatzsteuerbericht ... 230
- 8.5 Berichte, Tabellen, Grafiken: Lohnt sich das Geschäft? ... 231
  - 8.5.1 Einnahmen und Ausgaben ... 231
  - 8.5.2 Vermögensbericht ... 233

9. Home-Banking mit Btx ... 237

- 9.1 Notwendige Vorbereitungen: Modem und Btx-Konto ... 237
  - 9.1.1 Ohne Modem geht nichts! ... 238
  - 9.1.2 Ohne Anmeldung bei der Post geht nichts! ... 241
  - 9.1.3 Anmeldung bei Ihrer Hausbank ... 242

	9.2	Einstellungen für Btx und das Einrichten des Btx-Kontos	244
	9.3	Der Lernmodus	254
	9.4	Den Kontostand abfragen und Kontoauszüge anfordern	257
	9.5	Überweisungen durchführen	258

IV	**Tips & Tricks zu MS-Money**		**263**
10.	*Zusammenarbeit mit anderen Programmen*		*265*
	10.1	Zusammenarbeit mit anderen Windows-Anwendungen	265
	10.1.1	Übernahme von MS-Money-Daten in Microsoft-Excel	266
	10.1.2	Übernahme von Daten aus MS-Money in Word für Windows	269
	10.2	Export von Daten aus MS-Money in DOS-Programme	271
	10.2.1	Übernahme von Berichten nach Word 5.0	272
	10.2.2	Übernahme von Berichten in Lotus 1-2-3	274
11.	*Wie kann ich...?*		*277*
12.	*Tastenfunktionen*		*301*

Stichwortverzeichnis *303*

Teil I

MS-Money auf Ihrem Rechner einrichten

Der erste Teil dieses Buchs soll Sie mit den Voraussetzungen für die Arbeit mit MS-Money vertraut machen.

Zu diesen Voraussetzungen gehört zunächst einmal, daß MS-Money den Vorstellungen entspricht, die Sie von einem Programm haben, mit dem Sie Ihre Finanzen überwachen wollen. Ohne Computer geht bei einem Programm wie MS-Money natürlich nichts. Welche Ausstattung Ihr Computer haben sollte, wird ebenfalls Gegenstand dieses Teils sein.

Sind nun alle Zweifel an der Tauglichkeit von MS-Money behoben und auch Ihr Computer spielt mit, so geht es an das Aufspielen der Software.

Vor das Arbeiten mit MS-Money hat die Firma Microsoft Windows, eine grafische Benutzeroberfläche, gestellt. Wie Sie mit diesem Programm umzugehen haben, soll Ihnen nicht vorenthalten werden.

Bei all diesen Vorarbeiten sollte man die Hauptsache, nämlich MS-Money, nicht vergessen. Das Installieren des Programms und die Vorstellung der Arbeitsoberfläche finden in diesem Teil selbstredend auch ihren Platz.

1. Einsatzmöglichkeiten von MS-Money

Mit Sicherheit haben Sie eine genaue Vorstellung, was ein Programm zu können hat, mit dem Sie Ihre Finanzen planen und verwalten müssen (oder wollen?).

Mit ebensolcher Sicherheit hat aber auch der Gesetzgeber genaue Vorstellungen darüber, wie Buchführung auszusehen hat.

Nach dem Durchlesen des nun folgenden Kapitels sollen Sie die Gewißheit haben, daß Sie sich für ein gutes Programm entschieden haben, das "so ganz nebenbei" auch noch allen gesetzlichen Vorschriften in bezug auf die Führung von Handelsbüchern entspricht.

1.1 Was kann MS-Money für Sie tun?

MS-Money ist ein Buchführungsprogramm für den Kreis von EDV-Anwendern, denen ein ausgewachsenes Finanzbuchhaltungsprogramm einfach zu komplex und überladen ist. Es ist jedoch keinesfalls als einfaches Programm im negativen Sinne anzusehen. Money enthält neben einfachen Funktionen auch erweiterte Möglichkeiten, mit denen es durchaus auch im professionellen Bereich zu verwenden ist. Dennoch bleibt festzustellen, daß

Buchhaltung mit MS-Money

ein Unternehmen, das bestimmten organisatorischen Umständen Rechnung zu tragen hat (z. B. Größe der Firma, Anzahl der Mitarbeiter, Höhe des Umsatzes oder des Gewinns), nicht auf den Einsatz eines ausgesprochenen Finanzbuchhaltungsprogramms verzichten kann.

Einnahmen und Ausgaben

Jeder andere aber ist mit MS-Money bestens bedient. So bietet es die Möglichkeit, verschiedene Bankkonten (Girokonto, Sparbuch, sonstige Anlagen) schnell und einfach zu verwalten und zu überwachen. Einnahmen und Ausgaben können unter verschiedenen Kategorien, wie zum Beispiel Gehalt, Essen, Kleidung, Freizeit usw., eingegeben und später in Listenform oder als Diagramm ausgewertet werden.

Budgetplanung

Ein Modul beschäftigt sich mit der Budgetplanung, d. h., es kann errechnet werden, inwiefern geplante Anschaffungen zu realisieren sind. Ist eine Anschaffung zu groß, um sie mit dem normalen Einkommen zu finanzieren, so führt kein Weg an der Aufnahme eines Kredits vorbei - es sei denn, Sie erben, Sie gewinnen im Lotto oder Sie verzichten auf die Anschaffung. Auch hier kann Ihnen MS-Money sehr dienlich sein.

Kreditrechner

Mit dem integrierten Kreditrechner kann man sich die Belastung ausrechnen lassen. Eine Liste zeigt die Belastungen unterteilt in Zinsen und Tilgung für jeden Monat der Laufzeit an und läßt dadurch den Weg bis zur Tilgung transparent werden.

Zukünftige Zahlungen

Zukünftige Zahlungen (Miete, Kreditkosten usw.) werden einmal eingegeben und erscheinen dann regelmäßig als Buchungen.

Sie werden daran erinnert, Zahlungen zu tätigen, verlieren nie den Überblick und ersparen sich viel Ärger mit eventuell eintreffenden Mahnungen und den daraus entstehenden Kosten.

Darüber hinaus gibt es vielfältige Möglichkeiten, sich aus den eingegebenen Buchungen heraus Informationen über die gegenwärtige Finanzlage zu verschaffen.

Berichte und Übersichten

Und wer kann schon von sich behaupten, daß er solche Feststellungen, sei es auch nur über die Privatkonten, so schnell und präzise machen kann, wie mit Hilfe von MS-Money.

Nicht zu vergessen ist der besondere Clou, den MS-Money zu bieten hat, nämlich ein voll integriertes Home-Banking mit Btx.

Home-Banking mit Btx

Voraussetzung für die Arbeit mit diesem Modul ist, daß Sie über ein Modem und ein Btx-Konto bei Ihrer Bank verfügen. In diesem Fall können Sie über MS-Money den Kontostand abfragen, Kontoauszüge einlesen und Überweisungen tätigen.

Mehr soll jedoch zu diesem Zeitpunkt über die Fähigkeiten von MS-Money und die vielfältigen Möglichkeiten, die Sie mit diesem Programm haben, nicht verraten werden. All dies wird detailliert in diesem Buch behandelt.

1.2 Für wen ist MS-Money geeignet?

Nachdem kurz angerissen wurde, wie leistungsfähig und dennoch leicht bedienbar MS-Money ist, stellt sich nun die Frage: Wer kommt als Anwender für dieses Programm in Frage, bzw. für wen ist MS-Money überhaupt geeignet?

1.2.1 Ob Privatperson oder Kleinunternehmer - Money kann ein jeder brauchen!

Um die in der Überschrift aufgeworfene Frage zu beantworten, können Sie eine beliebige Privatperson als Beispiel heranziehen.

Privatpersonen

Um einen Überblick über Einnahmen, sprich Gehalt, und Ausgaben zu erhalten, muß jeder sorgfältige Mensch über den Monat verteilt sicher mehrere Stunden über den Kontoauszügen brüten, um alle finanziellen Belange zu ordnen.

Stehen dann noch Anschaffungen an, gewollt oder beispielsweise durch einen Motorschaden am Auto erzwungen, dann beginnt die große Rechnerei, die allzuoft im Chaos endet.

Hier will und kann MS-Money ein wertvolles Werkzeug zur Lösung dieser Probleme sein. Besser noch ist es aber, solche Probleme durch die Arbeit mit MS-Money erst gar nicht aufkommen zu lassen.

Geschäftsleute

MS-Money ist jedoch nicht nur bei der Finanzplanung und -verwaltung im privaten Haushalt geeignet. Auch Freiberufler müssen ihre Einnahmen und Ausgaben ordentlich verwalten, nicht zuletzt um dem Finanzamt bei der Steuererklärung Rede und Antwort stehen zu können.

1.2.2 MS-Money im Rahmen der Buchführungsvorschriften

Weiterhin wendet sich MS-Money auch an Kaufleute, die der Buchführungspflicht unterliegen. Zu diesem Kreis zählen z. B. alle Personen, die ein Handelsgewerbe betreiben, land- oder forstwirtschaftliche Betriebe führen usw.

Kaufleute, Handwerker & Co

Kaufleute, die der Buchführungspflicht unterliegen, können aber auch Handwerker und Kleingewerbetreibende sein, vorausgesetzt sie haben einen Geschäftsumsatz von mehr als 500.000 DM oder ein Betriebsvermögen von mehr als 125.000 DM oder einen jährlichen Gewinn von mehr als 36.000 DM (§§ 140, 141 Abgabenordnung).

Angesprochen sind von gesetzlicher Seite aber auch Vereine (§ 6 Abs. 2 Handelsgesetzbuch). Sie werden automatisch als Kaufleute (Formkaufleute) behandelt.

Danach unterliegen diese Gruppen der in den §§ 238 ff. HGB aufgeführten grundlegenden Vorschriften über die Führung von Handelsbüchern. In diesen Büchern sind die Handelsgeschäfte und die Finanzlage eines Kaufmanns nach den Grundsätzen ordnungsgemäßer Buchführung (GoB) ersichtlich zu machen.

Grundsätze ordnungsgemäßer Buchführung

Die Buchführung ist dann ordnungsgemäß, wenn sie den gesetzlichen Vorschriften entspricht und einem objektiven Dritten innerhalb einer angemessenen Zeit die Möglichkeit gibt, sich einen Überblick über die Vermögens- und Erfolgsstruktur des Unternehmens zu verschaffen.

Erstes Kriterium für die Einhaltung der GoB ist die Grundbuchfunktion der Buchführung. Sie ist im Sinne

Grundbuchfunktion

des Gesetzes dann erfüllt, wenn die folgenden Voraussetzungen gegeben sind:

- Alle Geschäftsvorfälle müssen erfaßt werden (Grundsatz der Vollständigkeit).
- Geschäftsvorfälle müssen laufend, d. h. fortlaufend und in zeitlich aufeinanderfolgenden Abschnitten eingetragen werden.
- Es muß von der Organisation her gewährleistet sein, daß alle Geschäftsvorfälle laufend erfaßt werden können.

Bei der Einhaltung dieser Vorschriften kann Ihnen MS-Money beim besten Willen nicht helfen. Hierfür sind ganz alleine Sie zuständig. Aber keine Angst, MS-Money wird Ihnen in anderen Dingen noch sehr behilflich sein.

Verschiedene Konten

Geschäftsvorfälle müssen in einer sachlich geordneten Gliederung erscheinen. Dies ist dann gegeben, wenn alle Buchungen auf hierfür geeigneten Konten eingetragen werden können. MS-Money bietet die Möglichkeit zum Erstellen und Führen von verschiedenen Grundarten von Konten (Bank-, Kredit-, Bargeld-, Vermögens- und Verbindlichkeitskonten).

Aufbewahrungspflicht

Eine weitere Bedingung ist die Aufbewahrungspflicht von Belegen. Keine Buchung ohne Beleg!

Ordnungsgemäße Speicherbuchführung

Bei der Buchführung mit Hilfe der EDV gelten darüber hinaus die Grundsätze ordnungsgemäßer Speicherbuchführung (GoS). Die §§ 238, 239 HGB erlauben die Speicherung von Handelsbüchern auf Datenträgern, vorausgesetzt, die Daten sind während der gesetzlichen Aufbewahrungsfrist verfügbar und können innerhalb einer angemessenen Zeit über den Bildschirm oder einen angeschlossenen Drucker sichtbar gemacht werden.

MS-Money ermöglicht das Laden und Ausdrucken auch von älteren Dateien, so daß diese Bedingung erfüllt ist.

Das Programm muß gewährleisten, daß Kontrollen und Kontenabstimmungen vorgenommen werden können, um Fehler in der Buchführung sichtbar zu machen.

Kontenabstimmung

MS-Money enthält zu diesem Zweck eine spezielle Funktion mit dem Namen *Konto abstimmen*.

Ein weiterer Aspekt ist die Datensicherheit. Die Daten müssen so aufbewahrt werden, daß sie weder verfälscht noch zerstört werden können. Werden Daten zerstört, bzw. treten Fehler auf, so müssen die Daten wieder auf ihren ursprünglichen Zustand zurückgeführt werden können.

Datensicherheit

MS-Money gewährleistet dies durch integrierte Sicherungs- und Archivierungsoptionen. So kann nach jedem Beenden von MS-Money, aber auch während der Arbeit eine Sicherungskopie auf einem externen Datenträger erstellt werden.

Ein weiterer wichtiger Punkt ist die Aufbewahrung und Sicherung von Datenträgern, wobei Datenträger mit Buchungen zehn Jahre, und Datenträger mit Belegen sechs Jahre aufbewahrt werden müssen.

Aufbewahrungspflicht

Datenträger sind aufgrund ihres physikalischen Aufbaus in regelmäßigen Abständen zu überprüfen und in einem Turnus von 2-3 Jahren zu kopieren. Diese Vorgänge sind zu protokollieren, um Verfälschungen möglichst auszuschließen.

Wie bereits vorher erwähnt, müssen die Daten jederzeit sichtbar gemacht werden können, und es muß nachgewiesen werden, daß die Daten auf dem Bildschirm oder dem Ausdruck mit den abgespeicherten Daten identisch sind.

Hinweis Für die Einhaltung der vorstehend genannten Grundsätze ist der Buchführungspflichtige verantwortlich.

Mit diesem Ausflug in die gesetzlichen Grundlagen der Buchführung sollte gezeigt werden, daß MS-Money diesen Regelungen entspricht und damit, wie eingangs behauptet, auch im professionellen Bereich einsetzbar ist.

1.2.3 Die Grenzen von MS-Money

Genauso muß aber auch klargestellt werden, daß MS-Money auch seine Grenzen hat. Es ist schlechthin undenkbar, daß ein größeres Unternehmen MS-Money als Buchführungsprogramm verwendet.

Kein Kontenrahmen Dies liegt schon allein in der Organisation der Arbeitsabläufe von MS-Money begründet. So muß jedes Konto selbst angelegt werden, während bei richtigen Finanzbuchhaltungsprogrammen zumindest ein Kontenrahmen schon vordefiniert ist.

Kein Buchungsautomatismus Weiterhin gibt es bei MS-Money keine Automatismen, was das Buchen auf bestimmte Konten betrifft, wie z. B. das selbständige Buchen der Umsatzsteuer bei Verkäufen und der Vorsteuer bei Einkäufen.

Aber diese Einschränkung tut MS-Money keinen Abbruch, da die Schar der potentiellen Anwender immer noch groß genug ist.

Dieses Buch soll anhand von Fallbeispielen in die Bedienung des Programms einweisen. Hierzu sollen je nach Funktion fiktive Personen herangezogen werden, die uns bei der Darstellung von Vorgehensweisen und Problemlösungen unterstützen sollen.

Der erste Helfer wird Frau Klug sein, eine Informatikstudentin. Sie will mit Hilfe von MS-Money ihre Einnahmen (BAFÖG, Überweisungen von den Eltern) und ihre Ausgaben (Miete, Essen, Bücher usw.) verwalten.

Studentin Klug

Weiterhin schauen wir uns an, wie die aus vier Personen (Vater, Mutter und zwei Kinder) bestehende Familie Groß MS-Money nutzt, um Überblick über die Finanzen zu behalten, um sich den Sommerurlaub und ein neues Auto leisten zu können.

Familie Groß

Um zu demonstrieren, wie sich MS-Money im betrieblichen Alltag bewährt, betrachten wir den Schreinermeister Herrn Holz, der einen Betrieb mit vier Personen leitet. Hier sind nicht nur Bankkonten zu überwachen, sondern auch Kunden, Projekte und Investitionen von nicht unerheblichem Umfang.

Schreinermeister Holz

Grundsätzlich gilt, daß stellvertretend für eine Funktion des Programms immer nur eine Person herangezogen wird. Dies geschieht, um Wiederholungen zu vermeiden. Tatsächlich würde aber jeder der Anwender diese Tätigkeit ausgeübt haben müssen, um mit dem Programm arbeiten zu können (z. B. Anlegen von Konten, Erstellung von Einnahme- und Ausgabekategorien usw.). Eben jede Person für ihren persönlichen Anwendungsbereich.

Hinweis

2. MS-Money installieren und einrichten

Vor die Arbeit mit MS-Money hat die Firma Microsoft Windows gesetzt.

Aus dieser Tatsache heraus ergeben sich nun Fragen und Probleme, die im folgenden geklärt werden sollen.

2.1 Systemvoraussetzungen

Da Windows nicht auf jedem Computer einsetzbar ist, gelten die gleichen Beschränkungen auch für MS-Money.

Bestimmte Anforderungen werden zunächst an den Prozessor des Computers gestellt. Hier muß es mindestens ein Prozessor mit der Typenbezeichnung 80286 sein. Dies ist jedoch eine absolute Mindestanforderung.

Besser ist auf jeden Fall, wenn Sie einen 80386 SX-Prozessor mit einer Taktfrequenz von 20 MHz bzw. ein noch höher eingeordnetes Modell einsetzen. *Mind. ein 386SX*

Eine weitere wichtige Voraussetzung für die Arbeit mit MS-Money ist noch die Ausstattung des Arbeitsspeichers (RAM). Hier wird eine Kapazität von mindestens 2 MByte empfohlen. *Mind. 2 MByte RAM*

Installieren

Selbstverständlich kann man auch mit einer weitaus geringeren Hardwareausstattung MS-Money anwenden, doch wird das Resultat aus langen Wartezeiten zwischen den einzelnen Programmschritten bestehen.

 Praxis

Um beispielsweise die in MS-Money integrierte Hilfe aufzurufen, müssen Sie sich schon 1 bis 2 Minuten gedulden, falls Sie einen Computer mit 80286-Prozessor und 1 MByte Arbeitsspeicher einsetzen.

Ähnliches gilt dann natürlich auch für alle anderen Funktionen von MS-Money.

Genügend Festplattenplatz

Eine weitere Voraussetzung ist, daß in Ihrem Computer eine Festplatte von ausreichender Kapazität einbaut ist.

Wenn Sie sich einmal überlegen, daß für Ihre Arbeit zumindest drei Softwarepakete, nämlich DOS, Windows und MS-Money, installiert sein müssen, so ergibt sich allein aus diesem Tatbestand eine Anforderung an die Kapazität der Festplatte von mindestens 15 MByte.

Falls von Ihnen außer MS-Money auch noch andere Programme (z. B. Textverarbeitungen, Tabellenkalkulationen und Spiele) eingesetzt werden sollen, sollte die Festplatte schon eine Kapazität von mindestens 40 MByte haben.

Um mit MS-Money arbeiten zu können, muß es zunächst installiert werden (siehe Kapitel 2.3). Dies geschieht mit sogenannten Installationsdisketten. Auf die Hardwareanforderungen bezogen bedeutet dies, daß der Computer auch mit einem Diskettenlaufwerk mit dem Format 5¼-Zoll-High-Density oder 3½-Zoll-High-Density ausgestattet sein muß.

Um effektiv mit MS-Money arbeiten zu können, brauchen Sie selbstverständlich auch einen Drucker, der die Tabellen, Listen und Diagramme, in denen die Auswertungen der eingegebenen Buchungen enthalten sind, ausdrucken kann.

Drucker und Maus empfehlenswert

Welche Art von Drucker, sprich Nadeldrucker, Tintenstrahldrucker oder Laserdrucker, Sie verwenden wollen, hängt einerseits von Ihren Ansprüchen an das Druckergebnis, andererseits selbstverständlich auch von der Größe Ihres Geldbeutels ab.

Ein sehr wichtiges Hardwareteil, das bei der Arbeit mit Windows und MS-Money keinesfalls fehlen sollte, ist die Maus. Hierbei handelt es sich um ein Zeigegerät, das der Auswahl von Befehlen und Optionen dient.

Sie können Windows und MS-Money zwar auch ausschließlich über die Tastatur bedienen, doch erleichtern Sie sich die Arbeit sehr, wenn Sie eine Maus benutzen.

Systemanforderung im Überblick

- MS-DOS 3.1 oder höher
- MS-Windows 3.0 oder höher
- PC 80286, 80386SX/DX oder höher
- Mind. 1 MByte Arbeitsspeicher (davon 256 KByte XMS-Speicher)
- Für die Installation ein 3½-Zoll-HD- oder 5¼-Zoll-HD-Laufwerk
- Hercules, EGA, VGA oder höher

Zu empfehlen:

- Drucker und Maus
- Für Btx ein Hayes-kompatibles Modem

2.2 Grundlagen von Windows 3.1

Mit dem folgenden Unterkapitel sollen grundlegende Begriffe und Arbeitsweisen von Windows erklärt und dargestellt werden.

Sie sollen nicht den Eindruck gewinnen, daß Sie sich irrtümlicherweise ein Windows-Lehrbuch gekauft haben, doch kommen Sie auch bei bei einer grafischen Oberfläche wie Windows ohne gewisse Grundkenntnisse nicht aus.

Da zudem auch MS-Money auf dieser Oberfläche abläuft, sind alle Arbeitsweisen von Windows auch für die Arbeit mit Money zu verwenden.

Hinweis

Sollten Sie sich mit Windows bereits gut auskennen, so können Sie diesen Abschnitt übergehen.

Haben Sie dagegen noch keine Kenntnisse von dieser Oberfläche, so sollen hier für Sie das Starten von Windows, die Windows-Arbeitsoberfläche sowie Begriffe wie Programm-Manager, Taskliste, Zwischenablage und Datei-Manager so knapp wie möglich beschrieben werden.

Hinweis

Grundlage für meine Beschreibungen wird die Version 3.1 vom MS-Windows sein. MS-Money ist jedoch ohne Probleme auch auf der Vorgängerversion (Version 3.0) einzusetzen.

Installieren

2.2.1 Das Starten von Windows

Über die Installation von Windows 3.1 soll an dieser Stelle nur soviel gesagt werden, daß die Diskette 1 in das Diskettenlaufwerk einzulegen und der Installationsvorgang mit dem Befehlsaufruf SETUP zu starten ist.

Windows 3.1 installieren

Alles andere läuft dann mehr oder weniger automatisch ab. Das Setup von Windows erkennt selbständig, welche Hardwareausstattung in Ihrem Computer präsent ist.

Diese Liste muß einfach bestätigt werden. Sie erhalten auch immer eine Aufforderung vom Programm die Diskette einzulegen, die jetzt verarbeitet werden muß.

Letztlich haben Sie nur zweimal eine Auswahl zu treffen.

Zunächst ist der Drucker anzugeben, den Sie einsetzen wollen, und zum Abschluß der Installation gibt Windows 3.1 Ihnen die Möglichkeit, alle auf der Festplatte befindlichen Anwendungen automatisch einzubinden, so daß man sie von Windows aus starten kann.

Nachdem Sie Ihren Computer eingeschaltet haben starten Sie Windows von der DOS-Ebene mit der Eingabe von WIN. Diese Eingabe muß mit der `Enter`-Taste bestätigt werden.

Daraufhin erscheint nach kurzer Zeit das Eingangsbild von Windows 3.1. Nun dauert es noch einen Moment bis alle Dateien, die Windows zum Arbeiten braucht, in den Arbeitsspeicher geladen sind.

Während dieser Wartezeit können Sie in der Mitte Ihres Bildschirms eine Sanduhr sehen. Diese Sanduhr werden

MS-Money einrichten **29**

Sie immer dann sehen, wenn in Windows Dateien geladen werden. Sie selbst können in dieser Zeit nichts tun.

Diese Sanduhr ist nämlich nichts anderes als der digitalisierte Mauszeiger. Ist die Wartezeit um, so verwandelt sich die Sanduhr in einen Pfeil.

Mit Hilfe dieses Pfeiles können Sie nun Befehle ausführen, Programme starten und Fenster anordnen bzw. deren Größe verändern.

2.2.2 Die Oberfläche von Windows

Zunächst sollten Sie sich die Oberfläche von Windows 3.1 genauer unter die Lupe nehmen.

Der Programm-Manager

Hiermit ist in erster Linie der Programm-Manager gemeint. Auf der folgenden Abbildung können Sie ein Beispiel für den Aufbau des Programm-Managers sehen. Er ist frei konfigurierbar, also wird er auf Ihrem Bildschirm mit Sicherheit anders aussehen.

Ein Window ist ein Fenster. Daraus folgt, daß Windows eine Ansammlung von Fenstern ist. Der Programm-Manager ist in der obenstehenden Abbildung ein Fenster, das in sich die Fenster *Hauptgruppe*, *Anwendungen* und *Spiele* birgt. Aber auch jede Windows-Anwendung wie z. B. MS-Money ist während der Ausführung nichts anderes als ein Fenster.

Was aber ist in Windows ein Fenster? Ein Fenster ist immer rechteckig. Es hat immer einen *Rahmen* und eine *Titelleiste*. Fenster sind leicht in der Größe zu verändern.

Fenster

*Abb. 1:
Die Arbeitsoberfläche
von Windows 3.1*

Bewegen Sie den Pfeil, der die Maus auf dem Bildschirm symbolisiert, auf den Rahmen des Fensters, so verwandelt sich dieser in einen Pfeil mit zwei Spitzen.

Drücken Sie nun auf die linke Maustaste und halten diese gedrückt, so können Sie durch das Verschieben des Mauszeigers die Fenstergröße verändern.

*Abb. 2:
Fensterelemente des
Programm-Managers*

Betrachten Sie nun den Fensteraufbau des Programm-Managers etwas genauer. Der obere Teil besteht aus vier Elementen.

Installieren

Titelleiste

Hier fällt zunächst die *Titelleiste* ins Auge, da sie genau in der Mitte angeordnet ist und den meisten Platz für sich beansprucht.

Dabei enthält sie nichts anderes als den Namen des Fensters. Bei einer Anwendung, wie z. B. MS-Money würde hier zusätzlich der Name der Datei stehen, die gerade bearbeitet wird.

Systemmenü

Rechts neben der Titelleiste befindet sich eine Schaltfläche, die man als *Systemmenü* bezeichnet. Bewegen Sie den Pfeil auf diese Fläche und betätigen Sie danach einmal die linke Maustaste (Klicken). Daraufhin öffnet sich nach unten ein Menüfenster.

Abb. 3:
Das Systemmenü

Die ersten fünf Befehle betreffen die Darstellung bzw. Position des Fensters. Man benutzt diese Befehle aber in der Regel nur dann, wenn man nicht mit der Maus arbeitet.

Wie bereits erwähnt, können Sie mit der Maus die Größe eines Fensters verändern. Auch das Bewegen eines Fensters geht schneller, wenn man die Maus benutzt. Man bewegt den Pfeil auf die Titelleiste, drückt die linke Maustaste und bewegt das Fenster an die gewünschte Stelle.

32 MS-Money einrichten

Mit der Auswahl des Befehls *Symbol* können Sie bewirken, daß das Fenster in Symbolgröße dargestellt durch ein Icon (Sinnbild) auf der Oberfläche von Windows dargestellt wird.

Dies bewirkt nicht, daß Sie das Programm mit dieser Aktion beenden. Es geht hier lediglich darum, die Arbeit mit einer großen Zahl von Fenstern übersichtlicher zu gestalten. Gleiches gilt für den Befehl *Vollbild*. Nach der Auswahl dieser Option nimmt das Fenster den ganzen Bildschirm ein.

Mit *Wiederherstellen* wird das Fenster wieder in den Zustand versetzt, in dem es vor der Auswahl des letzten Befehls war. Solange Sie keinen dieser eben aufgeführten Befehle benutzt haben, ist die Option *Wiederherstellen* heller gekennzeichnet als alle anderen Befehle.

Dies bedeutet, die Auswahl des Befehls ist zur Zeit nicht möglich. Dies läßt sich auch auf MS-Money übertragen, d. h., auch dort haben Sie nicht immer alle Befehle zur Auswahl.

Mit dem Befehl *Schließen* wird die Darstellung des Fensters ganz abgebrochen, d. h. die Ausführung eines Programms beendet.

Windows ist ein Programm, das es Ihnen erlaubt, gleichzeitig mehrere Programme im Speicher zu halten. Nach der Auswahl des Befehls *Wechseln zu...* wird ein Fenster eingeblendet, die sogenannte *Taskliste*.

Taskliste

Hier sind alle Programme aufgeführt, die im Moment aktiv sind. Mit Hilfe dieser Einrichtung können Sie leicht zwischen den verschiedenen Programmen hin- und herschalten. Alternativ dazu können Sie die *Taskliste* aber auch mit der Tastenkombination [Strg]+[Esc] einblenden.

Eine weitere Option in dieser Richtung ist das Betätigen von [Alt]- und [Tab]-Taste. Hier werden nach jedem Drücken dieser Kombination die aktiven Programme angezeigt. Lassen Sie die Tasten los, so befinden Sie sich in dem zuletzt angezeigten Programm.

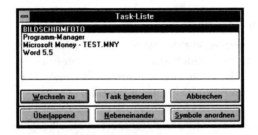

Abb. 4:
Die Taskliste von Windows 3.1

Rechts von der Titelleiste befindet sich die *Symbolschaltfläche*. Wenn Sie diese Schaltfläche anklicken, erhalten Sie das gleiche Resultat wie mit dem Befehl *Symbol* aus der Systemschaltfläche.

Ganz rechts befindet sich die Schaltfläche zum Umschalten zwischen der *Fenster-* und der *Vollbildansicht*.

Menü

Diese Ausführungen finden auf alle Fenster in Windows 3.1 Anwendung. Unterschiedlich werden Fenster erst dann, wenn es um Menüs geht. Hier hat selbstverständlich jedes Programm seine eigenen Menüs. Sie werden aber feststellen, daß nicht jedes Fenster über ein Menü verfügt.

In Abb. 1 gibt es beispielsweise ein Fenster mit dem Namen *Hauptgruppe*. Hierbei handelt es sich nicht um ein Programm, sondern um eine *Programmgruppe*, in der sich wiederum Programme befinden.

Diese Programme werden durch *Icons* dargestellt. Das Symbol von MS-Money paßt zum Namen. Es handelt sich nämlich dabei um die Darstellung eines Bündels Geldscheine, vor dem zwei Türme mit Hartgeld aufgebaut sind.

Abb. 5:
Das Symbol von MS-Money

Da das Menü von MS-Money im folgenden noch eingehend besprochen wird, können Sie sich jetzt nochmals dem Menü des Programm-Managers zuwenden. Es besteht aus den Punkten *Datei, Optionen, Fenster* und *Hilfe*.

Menü des Programm-Managers

Der Menüpunkt *Datei* besteht aus den Unterbefehlspunkten *Neu, Öffnen, Verschieben, Kopieren, Löschen, Eigenschaften, Ausführen* und *Windows beenden*.

Es fällt auf, daß einige dieser Punkte zusätzlich die Zeichenfolge ... enthalten. Dies bedeutet immer, daß nach Auswahl eines solchen Befehls zumindest noch ein Fenster erscheint, in dem Eingaben erforderlich sind.

...

Bedeutung der einzelnen Menüpunkte

Neu

Mit Hilfe dieses Befehls können Sie neue Programmgruppen (z. B. *Anwendungen, Spiele* usw.) erzeugen. Außerdem binden Sie mit *Neu* Programme in den Programm-Manager ein.

Öffnen

Durch die Auswahl dieses Befehls starten Sie das Programm, dessen Namen unterlegt, d. h. markiert ist. Das gleiche erreichen Sie durch Drücken der [Enter]-Taste oder durch zweimaliges schnelles Klicken auf das Programmsymbol (Doppelklicken).

Verschieben

Wollen Sie ein bestimmtes Programm einer anderen Programmgruppe zuordnen, so können Sie dies hiermit bewerkstelligen. Alternativ dazu können Sie auch die Funktionstaste [F7] betätigen oder das Symbol mit der Maus in eine andere Gruppe bewegen.

Kopieren

Soll ein Programm in mehreren Programmgruppen vorhanden sein, müssen Sie diesen Befehl auswählen.

Löschen

Wählen Sie diesen Befehl, wenn ein bestimmtes Programm oder eine Programmgruppe nicht mehr im Programm-Manager erscheinen soll. Wollen Sie nicht den Weg über das Menü gehen, so betätigen Sie die Taste

`Entf`. Nach der Quittierung einer Sicherungsabfrage wird das markierte Symbol gelöscht, nicht aber die Datei auf der Festplatte.

Eigenschaften

Hat sich beispielsweise der Suchpfad für ein Programm geändert oder wollen Sie einem Programm ein anderes Icon zuordnen, so müssen Sie diesen Befehl auswählen (Alternative: Die Tastenkombination `Alt`+`Enter`).

Ausführen

Hiermit starten Sie ein Programm, das nicht in den Programm-Manager eingebunden ist, wie z. B. das Installationsprogramm von MS-Money.

Windows beenden

Dieser Punkt spricht wohl für sich.

Unter dem Menüpunkt *Optionen* befinden sich verschiedene Einstellungsmöglichkeiten von Windows. So legen Sie hier fest, ob Programmsymbole in den Programmgruppen automatisch ausgerichtet werden oder ob dies durch einen Befehl erfolgen soll.

Weiterhin können Sie bestimmen, in welcher Form sich der Programm-Manager nach dem Starten von Windows präsentiert, nämlich als *Symbol* oder als Fenster bzw. *Vollbild*.

Die letzte Option betrifft das Speichern der Fensteranordnung des Programm-Managers beim Beenden von Windows.

Installieren

Im Menüpunkt *Fenster* lassen sich Fenster und Programmgruppen auf verschiedene Arten anordnen. Außerdem können Sie hier auswählen, in welcher Programmgruppe Sie eine Auswahl treffen wollen.

Hinter dem Menüpunkt *Hilfe* schließlich verbirgt sich die umfangreiche Hilfe zu Windows.

2.2.3 Wichtige Zusatzprogramme von Windows

Ein besonders schöne Möglichkeit, die Ihnen Windows 3.1 bietet, ist der schnelle und einfache Austausch von Daten zwischen verschiedenen Programmen. Dies geschieht am leichtesten über die *Zwischenablage*.

Zwischenablage

Hiermit ist ein Bereich im Speicher gekennzeichnet, in den Daten kopiert oder verschoben werden können.

Jedes Windows-Programm enthält die Möglichkeit, Daten in die Zwischenablage zu bringen, und umgekehrt auch einen Befehl, um Daten aus der Zwischenablage in das Programm zu holen.

Sobald Sie mit Windows arbeiten, gibt es für Sie kaum noch einen Grund, auf die Betriebssystemebene von DOS zurückzukehren, um beispielsweise Dateien zu kopieren oder zu löschen, Verzeichnisse zu erstellen oder Disketten zu formatieren.

Datei-Manager

Zu diesem Zweck gibt es bei Windows ein Programm mit dem Namen *Datei-Manager*. In diesem Programm können Sie auf der linken Seite des Fensters die Organisation, d. h. die Verzeichnisstruktur Ihrer Festplatte sehen, auf der rechten Seite wird Ihnen der Inhalt des gerade angewählten Verzeichnisses mit all seinen Dateien und Unterverzeichnissen angezeigt.

Ganz im Sinne der Fenstertechnik können Sie sich auch mehrere Datenträger (Disketten, Festplatten) in der oben geschilderten Form anschauen.

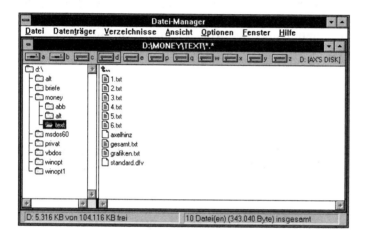

Abb. 6:
Der Datei-Manager
von Windows 3.1

Unter dem Befehlspunkt *Datei* finden sich alle wichtigen Befehle, die man bei der Arbeit mit Dateien und Verzeichnissen benötigt. Das Kopieren von Datenträgern (DOS-Befehl: *DISKCOPY*) und Formatieren von Disketten läßt sich mit den Befehlen unter *Datenträger* bewerkstelligen.

Bei der Arbeit mit MS-Money kann es vorkommen, daß man Dateien zur Sicherung auf eine Diskette kopieren will, bzw. solche Sicherungsdateien wieder auf die Festplatte kopieren will.

Sofern dies nicht mit MS-Money direkt zu machen ist, sollten Sie auf den Datei-Manager zurückgreifen.

Auf einige Befehle im Datei-Manager möchte ich später noch einmal zurückkommen, wenn es um das Starten von MS-Money geht. Hier hat der Datei-Manager einige sehr schöne Möglichkeiten zu bieten.

Nachdem Sie nun die grundlegenden Kenntnisse für die Arbeit mit Windows besitzen, können Sie sich nun der Installation und dem Aufruf von MS-Money zuwenden.

2.3 MS-Money installieren und starten

Bevor Sie mit der Installation von MS-Money beginnen, sollten Sie sich zuerst eine Kopie Ihrer Originaldiskette erstellen. Diese Arbeitskopie verwenden Sie dann zur Installation.

Sicherungskopie erstellen

Die Originaldiskette verwahren Sie an einem sicheren Ort. Diese Maßnahme hat folgenden Grund: Sollte an Ihrer Originaldiskette ein Schaden entstehen, erhalten Sie vom Hersteller keinen Ersatz.

Praxis

Wenn Sie nicht wissen sollten, wie man Disketten kopiert, gehen Sie nach folgenden Schritten vor:

- Rufen Sie den Datei-Manager im Fenster *Hauptgruppe* auf. Wählen Sie dort den Menüpunkt *Datenträger* und dann *Datenträger kopieren*. Anschließend legen Sie die Originaldiskette ein.

- Nun verfahren Sie entsprechend den Aufforderungen des Datei-Managers. Dabei ist zu beachten, daß mit Quelldiskette die Originaldiskette und mit Zieldiskette die leere Diskette, auf die Sie kopieren wollen, gemeint ist.

Achten Sie darauf, daß ein solches Kopieren nur dann möglich ist, wenn beide Datenträger das gleiche Format haben. MS-Money wird mit einer HD-Diskette ausgeliefert. Z. B. bei 3½-Zoll-Disketten müssen Sie also HD-Disketten mit 1,44 MByte Speicherkapazität verwenden.

MS-Money installieren

- Legen Sie die eben erstellte Arbeitskopie in Ihr Diskettenlaufwerk.

- Sobald Sie sich im Programm-Manager von Windows befinden, aktivieren Sie in der Menüleiste den Menüpunkt *Datei*. Dies können Sie entweder durch einmaliges Anklicken mit der Maus oder durch Betätigung der Tastenkombination [Alt]+[D] erreichen.

*Abb. 7:
Ausführen des Installationsprogramms*

- Aus diesem Pulldown-Menü, das danach erscheint, wählen Sie den Befehl *Ausführen* aus. Daraufhin erscheint ein kleines Fenster (siehe Abbildung). Dort tragen Sie den Befehl ein, um das Installationsprogramm von MS-Money zu aktivieren. Sie müssen zunächst A: für das Laufwerk eingeben, von dem aus die Installation stattfinden soll.

- Installieren Sie von Ihrem zweiten Laufwerk aus, so müssen Sie entsprechend B: eingeben. Direkt dahinter geben Sie den Namen des Installationsprogramms ein, nämlich *SETUP*. Dieses Programm richtet MS-Money nach Ihren Wünschen auf der Festplatte ein. Gleichzeitig werden die Dateien entpackt, die sich auf der Diskette in komprimierter Form befinden.

- In diesem Eingabefenster *Ausführen* gibt es noch weitere Möglichkeiten. Mit *Abbrechen* können Sie den Installationsvorgang abbrechen. Mit *Hilfe* erhalten Sie Informationen, wie Sie Ihre Eingabe vornehmen sollen. Die Option *Durchsuchen* ermöglicht es Ihnen, ausführbare Programme auf Ihren Datenträgern zu suchen, um sie anschließend auszuführen. Die Option *Symbol* sollten Sie keinesfalls aktivieren. Dies würde dafür sorgen, daß das SETUP-Programm nur als Symbol aktiv wäre und Sie somit die notwendigen Angaben nicht machen könnten.

- Nachdem Sie also *A:SETUP* oder *B:SETUP* eingegeben haben, klicken Sie auf die Schaltfläche *OK*, bzw. betätigen einfach die `Enter`-Taste. Ein kleines Fenster weist darauf hin, daß das SETUP-Programm initialisiert wird.

- Danach erscheint der Installationsbildschirm von MS-Money. Hier erhalten Sie nochmals allgemeine Informationen zur Installation. Durch Betätigen von `Enter` oder Drücken der Schaltfläche *Weiter* können Sie fortfahren.

- Alternativ könnten Sie hier Ihre Installation abbrechen, und zwar durch Anklicken der Schaltfläche *Abbrechen*.

Generell gilt, daß Sie die Installation in allen Phasen durch Anklicken der Fläche noch abbrechen können.

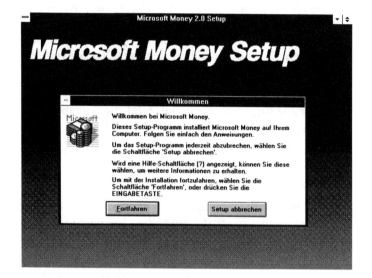

*Abb. 8:
Der Setup-Bildschirm
von MS-Money*

- Sollte Sie das Setup-Programm darauf hinweisen, daß nicht genügend Platz für die Installation auf der Festplatte vorhanden ist, so müssen Sie nicht unbedingt die Installation abbrechen. Sie können in diesem Fall durch Betätigen von `Strg`+`Esc` in die Taskliste umschalten und dort den Programm-Manager aktivieren. Von dort aus rufen Sie den Datei-Manager auf und löschen dann nicht mehr benötigte Dateien. Danach kehren Sie über die Taskliste zurück zum Installationsprogramm.

- Durch Betätigen der *Weiter*-Schaltfläche fahren Sie mit der Installation von MS-Money fort. Nach kurzer Zeit erscheint ein neues Fenster, in das Sie Ihren so-

Für private oder geschäftliche Zwecke

- wie den Namen Ihrer Firma eintragen müssen. Sie sollten mindestens einen Eintrag bei *Name* vornehmen.
- Verwenden Sie MS-Money für private Zwecke, so geben Sie oben und unten Ihren Namen ein. Hierbei gilt, daß Sie maximal 52 Zeichen pro Feld eingeben können. Setzen Sie dann den Installationsvorgang durch Betätigen der `Enter`-Taste fort.
- Im Anschluß an diese Eingaben werden diese nochmals zur Kontrolle angezeigt. Sind die Angaben korrekt, klicken Sie auf die Schaltfläche *OK*.

Wohin installieren

- Im nächsten Bildschirm definieren Sie, auf welchen Datenträger und in welches Verzeichnis MS-Money installiert werden soll.

   Standardmäßig schlägt das Programm Ihnen Ihr Festplattenlaufwerk C: und den Verzeichnisnamen MSMONEY vor.

   Wenn Sie damit einverstanden sind, bestätigen Sie dies mit `Enter`. Möchten Sie dagegen das Programm lieber auf eine andere Ihnen zur Verfügung stehende Festplatte installieren, so geben Sie einfach den entsprechenden Laufwerkbuchstaben (z. B. D: oder E:) ein.

- Haben Sie diese Angaben gemacht, beginnt die eigentliche Installation. Das SETUP-Programm informiert Sie nun in einem Fenster in der rechten unteren Bildschirmecke, über die Dateien, die im Moment auf Ihre Festplatte übertragen werden. Weiterhin erhalten Sie in grafischer Form darüber Information, wieviel Prozent der Programmdateien bereits auf Ihre Festplatte übertragen wurden.

Installieren

- In der rechten oberen Ecke wird Ihnen empfohlen, sich bei Microsoft als Anwender registrieren zu lassen. Dies ist sehr ratsam, da Sie erst damit Anspruch auf Unterstützung in Problemfällen haben und darüber hinaus ständig Neuigkeiten über Ihr Produkt direkt von Microsoft erfahren.

 Hinweis

- Nachdem das Installationsprogramm alle Dateien übertragen hat, können Sie auswählen, ob Sie nach Windows zurückkehren möchten oder direkt MS-Money aufrufen möchten.

Wenn Sie in den Programm-Manager zurückkehren, werden Sie feststellen, daß durch die Installation eine neue Programmgruppe mit dem Namen *Microsoft Produktreihe* erstellt wurde, in der nun das Sinnbild von MS-Money eingetragen ist. Zusätzlich wurde ein anderes Symbol angelegt, nach dessen Anklicken Sie *Reiheninfos* zu weiteren Microsoft-Produkten erhalten.

*Abb. 9:
Das zweite MS-Money-Symbol*

Die Arbeit mit MS-Money beginnen

Die Arbeit mit MS-Money können Sie nun auf verschiedene Arten beginnen. Die einfachste Methode ist sicher, daß Sie das Sinnbild von MS-Money doppelt anklicken. Daraufhin verwandelt sich der Pfeil in eine Sanduhr, und MS-Money wird geladen.

Sinnbild anklicken

*Über den
Datei-Manager*

Wie aber in einem vorherigen Abschnitt erwähnt, bietet auch der Datei-Manager Möglichkeiten, um MS-Money zu starten. Hierzu müssen Sie sich zunächst in diese Anwendung begeben.

Wählen Sie danach das Verzeichnis aus, in das Sie MS-Money installiert haben. Auf der rechten Hälfte des Bildschirms werden Ihnen nun alle Dateien angezeigt, die sich in diesem Verzeichnis befinden. Nun haben Sie drei Möglichkeiten MS-Money zu starten.

1. Die Datei MSMONEY.EXE anklicken. Danach die Menüleiste aktivieren und aus dem Menüpunkt *Datei* die Option *Ausführen* auswählen. Die Angaben im anschließend erscheinenden Fenster bestätigen Sie durch Anklicken der Schaltfläche *OK*.

2. Die Datei MSMONEY.EXE doppelt anklicken. Daraufhin wird das Programm gestartet.

3. Alle Dateien mit der Erweiterung .MNY markieren. Danach wählen Sie aus dem Menüpunkt *Datei* die Option *Verknüpfen* aus und ordnen diesen Dateien im folgenden Fenster die Datei MSMONEY.EXE zu. Indem Sie nun eine Datei mit der Erweiterung .MNY doppelt anklicken, starten Sie MS-Money mit der entsprechenden Datei.

2.4 Einrichten von MS-Money

Nachdem Sie nun auf eine der oben aufgeführten Vorgänge MS-Money gestartet haben, werden Sie beim ersten Start aufgefordert, ein Konto anzulegen.

Warten Sie hier bitte bzw. lesen Sie zunächst das Kapitel 3 "Grundlagen 1", da dort wichtige Begriffe erläutert werden, die zum Auswählen der Möglichkeiten unbedingt erforderlich sind. Eine falsche Auswahl zu diesem Zeitpunkt läßt sich nicht mehr zurücknehmen. Dies aber würde bedeuten, daß Ihre erste Arbeitssitzung mit MS-Money umsonst war.

Hinweis

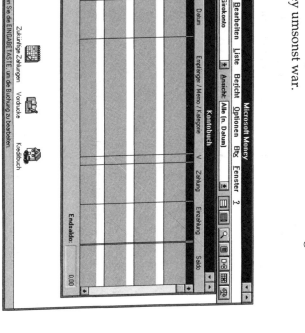

Abb. 10:
Die Oberfläche von
MS-Money

Gegenstand dieses Abschnittes soll zunächst die Oberfläche, die Einrichtung von MS-Money sowie die integrierte Hilfe von MS-Money sein.

2 4.1 Die Arbeitsoberfläche von MS-Money

Titelleiste

Anwendungen, die speziell für Windows geschrieben wurden, sind immer Fenster. Dies gilt selbstverständlich auch für MS-Money. Aus diesem Grund ist es auch nicht verwunderlich, daß der obere Teil der Arbeitsoberfläche von MS-Money über ein *Systemmemü*, eine *Titelleiste*, ein Symbol- und eine *Vollbildschaltfläche* verfügt. In der Titelleiste wird zusätzlich zum Programmnamen die Datei angegeben, die gerade in Bearbeitung ist.

Menüleiste

Unterhalb der Titelleiste befindet sich die *Menüleiste*. Sie enthält die Befehle *Datei, Bearbeiten, Liste, Bericht, Optionen, Btx, Fenster* und *?*.

Die Menüpunkte der Menüleiste

Datei

Hierin finden Sie alle Befehle, die den Umgang mit Dateien betreffen, wie z. B. *Öffnen, Sichern* und *Drucken*.

Bearbeiten

Die Befehle, die unter diesem Menüpunkt zu finden sind, enthalten Möglichkeiten für die Arbeit mit Buchungen. Die betrifft das *Löschen* bzw. *Annulieren* von Buchungen, das *Suchen* nach bestimmten Buchungen oder das Arbeiten mit gesplitteten Buchungen.

Liste

Unter diesem Menüpunkt definieren Sie die Objekte, mit denen Sie arbeiten wollen. Hierzu gehören *Konten, Empfänger* und *Kategorien*.

Bericht

Der Name dieses Menüpunkts spricht für sich selbst. Hier werden alle Arten von Berichten erstellt, die Ihnen MS-Money zur Verfügung stellt.

Optionen

Unter diesem Punkt können Sie individuelle Einstellungen für Ihre Arbeit mit MS-Money vornehmen. Ebenso enthalten sind hier aber auch der *Taschenrechner* und der *Kreditrechner*.

Btx

Hier finden Sie alle Befehle, die für das *Home-Banking per Btx* erforderlich sind.

Fenster

Hier kann man sich durch die Fenster von MS-Money bewegen, d. h., man wechselt z. B. von *Kontobuch* in das *Kreditbuch*, die *Vordrucke* oder die *zukünftigen Zahlungen*.

?

Hinter diesem Punkt verbirgt sich die recht umfangreiche *Hilfe* von MS-Money. Hier finden Sie einen Index, in dem alle Befehle und Optionen von MS-Money aufgeführt werden. Sie beinhaltet darüber hinaus auch einen Kurzeinstieg in MS-Money, d. h., es werden dort die Möglichkeiten vorgestellt, die Ihnen Money zu bieten hat.

Direkt bei der Arbeit kann Ihnen der *Buchungscoach* helfen. Allerdings nur bei den ersten Schritten mit MS-Mo-

Hinweis

ney kann es nützlich sein, wenn Sie durch die einzelnen Bestandteile einer Buchung geführt werden.

Entstehen während der Arbeit mit MS-Money Fragen, so können Sie durch Betätigen der [F1]-Taste eine kontextbezogene Hilfe aufrufen.

Symbolleiste

Unter der Menüleiste befindet sich noch ein besonderer Bereich. Dieser besteht aus zwei sogenannten List-Boxen und verschiedenen Schaltknöpfen, auf denen Symbole zu sehen sind.

Abb. 11:
Die Symbolleiste von
MS-Money

[Abbildung: Symbolleiste mit Konto: Alle Konten, Ansicht: Alle (n. Datum)]

Listbox Konto

Aus der ersten Listbox können Sie das *Konto* auswählen, mit dem Sie arbeiten wollen. Alle Konten, die Sie definiert haben, werden dort zur Auswahl stehen.

Sie haben aber auch die Möglichkeit, gleichzeitig mit allen oder einer Auswahl von Konten zu arbeiten. Hierzu wählen Sie je nach Wunsch *Alle Konten* oder *Mehrere Konten*.

Abb. 12:
Die Listbox "Konto"

Weiterhin besteht die Möglichkeit, *Neues Konto* auszuwählen, womit Sie ein zusätzliches Konto definieren können.

Mit der zweiten Listbox können Sie bestimmen, welche Buchungen Sie angezeigt haben wollen, und in welcher Sortierreihenfolge die Buchungen auf dem Bildschirm erscheinen sollen.

Listbox Buchungen

Darüber hinaus besteht aber auch die Möglichkeit, eigene Ansichten zu definieren. Wenn Sie die Option *Andere* auswählen, erscheint das folgende Fenster, in dem die Definition vorgenommen werden kann.

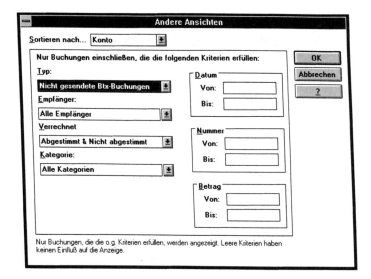

Abb. 13: Definition von Buchungsansichten

Wie Sie aus der Abbildung ersehen können, haben Sie die Möglichkeit, eine Ansicht nach Typ der Buchung (*Einzahlung, Auszahlung* usw.) zu erhalten.

Weitere Auswahlmöglichkeiten sind *Empfänger, verrechnete (bezahlte)* oder *nicht verrechnete Transaktionen* sowie die Bestimmung einer bestimmten *Kategorie*, die angezeigt werden soll. Zusätzlich zu den oben genannten Optionen können Sie einen bestimmten *Buchungszeitraum*, eine *Buchungsnummer* oder *Beträge von Buchungen* als Kriterien hinzufügen. Hierbei sollten Sie aber zumindest am Anfang mit Vorsicht ans Werk gehen.

Abb. 14:
Die Schaltflächen auf der Symbolleiste

Rechts neben der Listbox *Ansicht* befinden sich sieben Schaltknöpfe mit Symbolen. In der Reihenfolge von links nach rechts haben Sie folgende Bedeutung

1. Diese Schaltfläche wechselt in die *volle Buchungsansicht*, d. h. alle Angaben, die bei einer Buchung eingegeben wurden, werden angezeigt. Dies ist die Standardanzeige, so daß dieser Knopf in der Regel aktiviert ist.

2. Hiermit schalten Sie in die *Hauptzeilenansicht* um, d. h., es werden hier keine Memofelder und keine Kategorien angezeigt. Abgesehen davon sehen Sie aber die gleichen Angaben, wie in der *vollen Buchungsansicht*.

   Sinn der Sache ist es, mehr Buchungen auf einer Seite anzuzeigen. Dadurch gestalten Sie Ihre Arbeit mit MS-Money wesentlich übersichtlicher.

3. Mit der Lupe können Sie nach Buchungen suchen, die bestimmte Kriterien erfüllen. Beispielsweise können Sie hier nach bestimmten Empfängern, nach Kategorien oder nach bestimmten Beträgen suchen.

Im Endeffekt ist diese Suchmöglichkeit eine Abwandlung der Option *Andere Ansicht*, die über die rechte Listbox zu aktivieren ist.

Der Unterschied besteht darin, daß bei der Ansicht nur die entsprechenden Buchungen der ausgewählten Konten angezeigt werden, während sich das Suchen innerhalb aller verfügbaren Buchungen abspielt.

4. Mit Hilfe dieses Knopfes können Sie, alternativ zum Menübefehl, den Taschenrechner von Windows aufrufen.

5. Dieser Knopf ermöglicht es Ihnen, *gesplittete Buchungen* einzugeben, d. h., Sie haben die Möglichkeit, eine Buchung auf verschiedene Kategorien oder Klassifikationen zu verteilen.

6. Hiermit können Sie eine Buchung, die Sie gerade eingegeben haben in die Liste aller *zukünftigen Zahlungen* eintragen. Hiermit ersparen Sie sich ein doppeltes Eingeben von Daten.

7. Mit dieser Schaltfläche können Sie Ihre Konten abstimmen. Es handelt sich hierbei um eine Alternative zum Menübefehl *Optionen/Konto Abstimmen*.

Den größten Teil des Fensters nimmt die eigentliche Arbeitsfläche ein. Hier ist nach Programmstart immer das Kontobuch geöffnet und zwar in Form eines Fensters.

Die Arbeitsfläche: Das Kontobuch

Im unteren Teil der Arbeitsfläche sind drei Symbole gruppiert. Hierbei handelt es sich um *Vordrucke*, das *Kreditbuch* und die *zukünftigen Zahlungen*. Klickt man ein solches Symbol doppelt an, so wird ein Fenster mit dem entsprechenden Thema geöffnet.

Drei Symbole

Abb. 15:
Die Zusatzmodule von
MS-Money

Den Abschluß des Fensters bildet eine Zeile, die für die Einblendung von Hilfetexten vorgesehen ist.

Solange Sie nicht arbeiten, erscheint hier die Meldung: *Drücken Sie die EINGABETASTE, um die Buchung zu bearbeiten.* Wählen Sie nun aber einen Menüpunkt aus, so erscheint in dieser Zeile eine Kurzinformation über den Inhalt des gerade aktivierten Befehls.

2.4.2 Individuelle Konfiguration von MS-Money

Abb. 16:
Die Einstellmöglichkeiten bei MS-Money

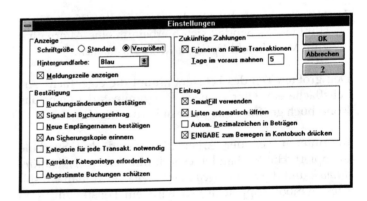

Sie haben bei MS-Money auch die Möglichkeiten, bestimmte Voreinstellungen nach Ihrem Geschmack zu verändern. Dies geschieht über das Menü *Optionen.* Aus diesem Menü müssen Sie den Befehl *Einstellungen* auswählen, um die gewünschten Änderungen vornehmen zu können.

Das Fenster, das nach der Auswahl des Befehls erscheint, ist in vier Abschnitte aufgeteilt.

- Der erste Abschnitt handelt die *Anzeigeoptionen* ab. Die Auswahl der Optionen können Sie durch Anklikken des zum Optionstext gehörenden Quadrats vornehmen. Erscheint innerhalb dieses Quadrats ein Kreuz, so ist die Option aktiviert.

  So können Sie hier zwischen der Standardschriftgröße und einer vergrößerten Schrift wählen. Die vergrößerte Schrift erhöht die Lesbarkeit der einzelnen Buchungen, die Standardschrift vermittelt eine größere Übersicht, da mit ihr mehr Buchungen auf eine Seite passen.

  Weiterhin können Sie die Hintergrundfarbe der Buchungen bestimmen. Standardmäßig ist hier Blau eingestellt. Sie können aber auch Grau, Grün, Monochrom oder Gelb einstellen. Ganz wie es Ihnen gefällt.

  Die letzte Option, die hier verändert werden kann, betrifft die Meldungszeile. Sie bestimmen hier, ob sie angezeigt werden soll oder nicht. Es bringt Ihnen keinen Platzgewinn, wenn Sie die Meldungszeile ausblenden. Andererseits ist es aber immer nützlich, Hilfestellungen zu bekommen. Aus diesem Grund ist es empfehlenswert, diese Einstellung so zu lassen, wie sie ist, d. h. die Meldungszeile einzublenden.

- Der darunter liegende zweite Abschnitt regelt die *Vorgaben für die Arbeit mit Buchungen.* Hier können Sie zunächst festlegen, ob Änderungen an den Buchungen von MS-Money widerspruchslos hingenommen werden sollen oder ob durch eine Abfrage sichergestellt werden soll, daß nicht irrtümlich etwas verändert wurde.

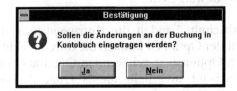

Abb. 17:
Bestätigung von
Änderungen an einer
Buchung

Weiterhin können Sie hier festlegen, daß jede erfolgte Buchung durch ein Signal bestätigt wird. Auch an die Sicherheit wird in den Voreinstellungen gedacht.

Um zu verhindern, daß Sie einen falsch geschriebenen Empfänger in Ihre Liste aufnehmen, können Sie MS-Money auffordern, bei jedem bis dato unbekannten Empfänger zunächst einmal nachzufragen, ob er in Ihre Empfängerliste aufgenommen werden soll.

Die Sicherheit Ihrer Daten sollten Sie nie gefährden. Aus diesem Grund sollten Sie die Möglichkeit wahrnehmen, nach jedem Beenden Ihrer Arbeit mit MS-Money eine Sicherungskopie Ihrer Arbeitsdatei anzulegen.

Und damit Sie das nie vergessen, können Sie MS-Money auffordern, Sie jedesmal, wenn Sie die Arbeit mit einer Datei beenden, daran zu erinnern, daß es nun eigentlich gut wäre, eine Sicherungskopie anzulegen.

Die letzten drei Optionen betreffen die Datenintegrität Ihrer Buchungen. So können Sie verhindern, daß eine Transaktion eingegeben wird, ohne daß ihr eine Kategorie zugewiesen wurde. Dies würde die Aussagefähigkeit des Buchungssatzes empfindlich mindern.

Weiterhin kann MS-Money in Ihrem Auftrag darauf achten, daß einer Ausgabe auch eine Ausgabekategorie zugewiesen wird. Sie verhindern damit, daß beispielsweise ihr Gehalt als Ausgabe bezeichnet wird. Dies würde zwar den Saldo nicht verfälschen, es wäre aber doch sehr irreführend, wenn der Buchungssatz mit solch falschen Aussagen gelesen würde.

Haben Sie ihr Konto einmal abgestimmt, sollten Sie die darin enthaltenen Buchungen nicht ohne weiteres editieren, da dies zu Fehlern führen könnte. MS-Money bringt in solchen Fällen auf Wunsch eine entsprechende Abfrage.

- Der dritte Abschnitt behandelt *Zukünftige Zahlungen*. Sie können hier festlegen, ob MS-Money Sie an fällige Transaktionen erinnern soll, und wenn ja, wie viele Tage vor der Fälligkeit diese Erinnerung erfolgen soll.

- Der vierte Abschnitt betrifft die Eintragungen im *Kontobuch*.

So bietet Ihnen MS-Money die Möglichkeit, SMART-FILL zu verwenden. Es handelt sich hierbei um ein automatisches Ausfüllen bestimmter Felder.

Haben Sie beispielsweise als Empfänger einer Zahlung einen Herrn Herrmann definiert, so genügt es für SMARTFILL, daß Sie drei Zeichen, nämlich "Her" eingeben und in das nächste Eingabefeld wechseln.

 Praxis

Der Name Herrmann und alle Eingaben für diesen Empfänger, die SMARTFILL noch in Erinnerung hat, werden sodann automatisch eingetragen.

Diese Option ist ebenso sinnvoll wie das automatische Öffnen von Listen. Haben Sie diese Option aktiviert, so werden Ihnen beispielsweise im Feld *Kategorie* alle zur Verfügung stehenden Kategorien zur Auswahl gestellt. Sie ersparen sich auf diese Weise viel Zeit, da Sie keine Eingabe im eigentlichen Sinn zu machen haben, sondern lediglich aus einer Liste auswählen müssen.

Nicht immer sinnvoll ist hingegen die Option, daß MS-Money automatisch Dezimalzeichen in Beträge einsetzt. Dies bedeutet nämlich, daß aus einer Eingabe "1200" der Eintrag "12,00" wird.

 Hinweis

Diese Option ist standardmäßig nicht aktiviert, so daß es hier in der Regel keinen Handlungsbedarf geben dürfte.

Mit der letzten Auswahlmöglichkeit können Sie festlegen, wie Sie sich durch die Buchungssätze im einzelnen und das Kontobuch insgesamt bewegen möchten. Standardmäßig ist die [Tab]-Taste als Fortbewegungsmittel eingestellt, d. h., mit dieser Taste können Sie ein Eingabefeld nach dem anderen anspringen.

Hier besteht für Sie die Möglichkeit, festzulegen, daß mit der [Enter]-Taste der gleiche Effekt erzielt wird. Dies kann vorteilhaft sein, weil diese Taste mit Sicherheit leichter zu treffen ist als die [Tab]-Taste.

Sobald Sie diese Eingaben über die Schaltfläche *OK* bestätigt haben, gelten die Einstellungen für alle Dateien, die zukünftig bearbeitet werden.

Um Ihre Dateien zu schützen, bietet Ihnen MS-Money darüber hinaus noch die Möglichkeit, diese mit einem Paßwort zu schützen.

Dies geschieht über die Befehlsfolge *Optionen/Kennwort*. Danach erscheint ein Fenster, in dem das Paßwort eingegeben werden kann.

Paßwortschutz

Sie müssen dabei aber beachten, daß Sie sich nicht verschreiben, da Sie sonst keine Möglichkeit mehr haben, mit der Datei zu arbeiten.

Achtung

Wichtig ist, daß das Kennwort Ihre Datei nur gegen das Laden der Datei durch Unbefugte schützt. Gegen das Löschen der Datei von der Betriebssystemebene ist dagegen kein Kraut gewachsen.

Hinweis

2.4.3 Öffnen und Sichern Ihrer Dateien

Wenn Sie MS-Money zum zweiten Mal starten, erscheint automatisch die Datei, mit der Sie zuletzt gearbeitet haben. Nun kann es aber vorkommen, daß Sie mehrere Dateien angelegt haben und mit einer anderen Datei als der aktuellen arbeiten wollen.

Eine Datei öffnen

In diesem Fall müssen Sie die betreffende Datei von Ihrem Datenträger in den Arbeitsspeicher transferieren. Im Windows-Sprachgebrauch nennt sich dieser Vorgang "Öffnen" einer Datei.

Installieren

Entsprechend finden Sie unter dem Menupunkt *Datei* die Auswahlmöglichkeit *Öffnen*. Sobald Sie diese Auswahl treffen, erscheint das folgende Fenster.

Abb. 18:
Öffnen von MS-
Money-Dateien

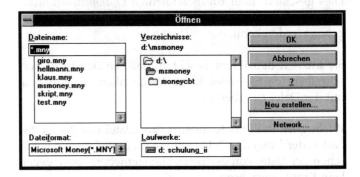

In diesem Fenster sind bis zu vier verschiedene Angaben zu machen. Sie müssen festlegen, auf welchem Datenträger und in welchem Verzeichnis Ihre Datei zu finden ist.

Dies ist mit Hilfe der List-Boxen *Laufwerke* bzw. *Verzeichnisse* zu definieren, vorausgesetzt, es ist nicht schon richtig vorgegeben.

Weiterhin müssen Sie das Dateiformat bestimmen. Hier bietet Ihnen MS-Money drei Formate zur Auswahl an.

- Zunächst die Standarddateien mit der Erweiterung .MNY, dann die Sicherungsdateien mit der Endung .BAK und schließlich alle Dateien (*.*).

Sind alle Eingaben gemacht, so erscheinen im Abschnitt *Dateiname* alle zutreffenden Dateien. Aus dieser Liste können Sie nun die gewünschte Datei auswählen und diese Auswahl mit *OK* bestätigen.

Sicherungsmechanismen von MS-Money

Im Normalfall erscheint nach dieser Auswahl ein Fenster, in dem Sie gefragt werden, ob Sie eine Sicherungskopie der vorherigen Datei erstellen wollen.

Hierbei handelt es sich um einen Teil des Sicherungsmechanismus, der bei MS-Money integriert ist. Wie bereits erwähnt, kann man diesen unter *Optionen/Einstellungen* zwar deaktivieren, doch sollte man dies im eigenen Interesse unterlassen.

Bei diesem Vorgang wird der Dateiname mit der Endung .BAK als Sicherungsdateiname angeboten. Als Ziel der Sicherungsdatei wird standardmäßig das Diskettenlaufwerk A: angeboten.

Sie sind selbstverständlich nicht an diese Vorgaben gebunden, d. h., wenn Sie einen anderen Bestimmungsort bzw. einen anderen Dateinamen wünschen, so müssen Sie dies im entsprechenden Eingabefeld festlegen.

Die Dateien, die Sie auf diese Weise erstellen, können Sie später mit mit dem vorher beschriebenen Befehl öffnen, indem Sie bei *Dateiformat* einfach die Erweiterung .BAK auswählen. Danach können Sie mit der Sicherungsdatei wie mit einer normalen Datei arbeiten.

Hinweis

Was Ihre aktuellen Buchungen betrifft, so werden diese sofort nach der Eingabe in die aktuelle Datei geschrieben, d. h. die Befehle *Speichern*, bzw. *Speichern unter...*, die in anderen Windows-Anwendungen präsent sind, werden bei MS-Money nicht benötigt.

Ein weitere Sicherungsmöglichkeit finden Sie unter *Datei/Archiv*.

Mit diesem Befehl können Sie Buchungen, die vor einem einzugebenden Stichtag liegen, aus Ihrer aktuellen Datei entfernen, um Sie unter einem anderen Namen abzulegen.

Tip

Sie tragen damit in Ihrer aktuellen Datei nicht zuviel Ballast mit sich herum, haben andererseits die älteren Buchungen immer zur Verfügung. Dies ist insbesondere für die Beachtung der Buchführungsvorschriften erforderlich (Aufbewahrungsvorschriften für Buchungen).

Bei der Archivierung können Sie zusätzlich zum Buchungsdatum auch noch die Art der zu entfernenden Buchungen festlegen.

Zur Auswahl stehen hier *Alle Buchungen*, *Nur abgestimmte und verrechnete Buchungen*, *Nur abgestimmte Buchungen* oder *Keine Buchungen*.

Bei der letzten Option wird ebenso wie bei den anderen Optionen auch eine Zweitdatei mit den Buchungen angelegt, die vor dem Stichtag liegen. Jedoch werden hier keine Buchungen aus der Originaldatei entfernt.

2.4.4 Druckereinrichtung in MS-Money

Ihre Arbeiten, die Sie mit MS-Money erstellt haben, wollen und müssen Sie irgendwann auch einmal zu Papier bringen. MS-Money greift hierbei auf die unter Windows installierten Drucker zurück. Sie können unter Windows beliebig viele Drucker installieren, jedoch kann nur ein Drucker der Standarddrucker sein.

Standarddrucker

Wollen Sie grundsätzlich nur mit dem Standarddrucker ausdrucken, so müssen Sie grundsätzlich nichts verändern. In das Menü *Datei/Drucker einrichten* wechseln Sie nur dann, wenn Sie einen anderen als den Standarddrukker benutzen wollen oder wenn Sie zwar mit dem Standarddrucker arbeiten wollen, aber statt im Hochformat im Querformat ausdrucken wollen.

Alle Einstellungen, die hier zu machen sind, basieren auf den Windows-Einstellungen. Falls Sie hierbei Probleme haben, sollten Sie Ihr Windows-Handbuch zu Rate ziehen, in dem alles über Installation und Einrichtung von Druckern aufgezeichnet ist.

Teil II

Erste Schritte bei der Finanzplanung

In diesem Teil des Buches soll Ihnen der Einstieg in das Programm MS-Money erleichtert werden.

Zu diesem Zweck erhalten Sie eine Definition der Begriffe, die auch für die grundlegendsten Arbeiten mit MS-Money unabdingbar sind.

Damit Sie sich die Begriffserklärungen besser merken können, folgt auf den Theorieteil ein Praxisbeispiel. In diesem Beispiel zeigt eine Studentin, wie MS-Money für einfachste Buchhaltungszwecke zu nutzen ist.

3. Grundlagen I: Money-Grundbegriffe einfach erklärt

Schon beim ersten Start von MS-Money werden Sie mit Begriffen konfrontiert, die Sie eventuell noch gar nicht einschätzen können.

Damit Ihr Start in die Finanzplanung mit MS-Money gut gelingt, sollten Sie sich die folgenden Begriffserklärungen genau durchlesen.

3.1 Was sind Kategorien?

Beim ersten Start von MS-Money werden Sie aufgefordert, eine Datei anzulegen. Diese Datei wird der Ordner für alle Ihre Konten sein.

Das erste Fenster, das nach der Benennung der Datei erscheint, zeigt eine Liste an, aus der Sie die Kategorie auswählen müssen, mit der Sie in dieser Datei arbeiten wollen.

Kategorie auswählen

Zur Auswahl stehen *Privatkategorien, Geschäftskategorien, Privat- und Geschäftskategorien* sowie *Ohne Kategorien*.

Was aber können Sie sich unter einer Kategorie vorstellen? Es handelt sich hierbei um eine Einordnungsmöglichkeit für die Buchungen, die Sie eingeben wollen.

Abb. 19:
Auswahlliste für
Kategorien

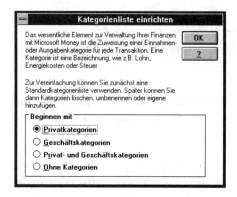

Hauptkategorien

Bei den Überkategorien handelt es sich in der Regel um *Einnahmen* und *Ausgaben*. Um diese Bezeichnungen aber genauer zu spezifizieren, verwendet man Kategorien.

Eine Einnahmekategorie wäre z. B. Ihr Gehalt. Die Buchungen werden durch diese genaue Zuordnung lesbarer und transparenter. Sie selbst erhalten eine bessere Übersicht über die Ein- und Auszahlungen auf Ihrem Konto.

Unterkategorien

MS-Money verfügt in den einzelnen Kategorien über eine Vielzahl von vordefinierten *Unterkategorien*, die Sie verwenden können. Unabhängig davon haben Sie auch die Möglichkeit, eigene Unterkategorien zu definieren.

Wollen Sie völlig frei Kategorien definieren, so müssen Sie die Option *Ohne Kategorien* auswählen. In diesem Fall werden Ihnen lediglich die Hauptkategorien *Einnahmen* und *Ausgaben* vorgegeben.

Aus dem folgenden Text können Sie einen Auszug aus den Vorgaben für die drei anderen Kategorievorschläge entnehmen.

Privatkategorien

Einnahmen
- Altersversorgungseinkommen
- Andere Einnahmen
- Geschäftseinkommen
- Investitionseinkommen
- Löhne und Gehälter

Ausgaben
- Arbeitsausgabe
- Auto
- Bankgebühren
- Einrichtung
- Energiekosten
- Essen
- Freizeit
- Geschenke
- Gesundheitspflege
- Kinderhort
- Kleidung
- Persönliche Hygiene

MS-Money-Grundbegriffe

- Schulkosten
- Sonstige Ausgaben
- Spenden
- Steuern
- Urlaub
- Versicherung
- Wohnung
- Zinsausgaben

Geschäftskategorien

Einnahmen
- Anderes Einkommen
- Einnahmen
- Mietertrag
- Zinseinkommen

Ausgaben
- Bankgebühren
- Bewirtung
- Büroausgaben
- Energiekosten
- Fahrzeuge
- Fracht
- Kundendienst
- Lohnabrechnung

- Reisen
- Retouren & Nachlässe
- Sonstige
- Steuern
- Versicherung
- Werbung
- Zinskosten

Bei *Privat- und Geschäftskategorien* handelt es sich um eine Kombination der beiden vorstehenden Klassen.

3.1.1 Die Definition von eigenen Kategorien

Um eigene Kategorien zu definieren, bzw. bestehende Kategorien zu verändern oder zu löschen, müssen Sie im Menüpunkt *Liste* die Option *Kategorienliste...* auswählen. Daraufhin erscheint das folgende Fenster.

Links oben befindet sich die eigentliche *Kategorienliste*. Unterhalb dieser Liste stehen drei Schaltflächen zur Auswahl. Hierbei handelt es sich um die Optionen *Neu*, *Löschen* und *Ändern*.

Den gleichen Aufbau hat der Ausschnitt links unten. Hierbei handelt es sich um die Liste der *Unterkategorien*.

Das bedeutet, daß Sie nicht nur Kategorien wie z. B. *Energie* erstellen können. Sie haben zusätzlich die Möglichkeit, jeder Kategorie eine Anzahl von Unterkategorien zuzuweisen, bei *Energie* z. B. Strom, Gas, Heizöl.

Befindet sich die Markierung in der Kategorienliste, so sind dort alle Schaltflächen aktiv, d. h., sie stehen zur Auswahl bereit.

Abb. 20:
Arbeiten mit der
Kategorienliste

Neue Kategorie
erstellen

Mit *Neu* können Sie eine neue Kategorie erstellen. Es erscheint hierauf das folgende Fenster.

Abb. 21:
Erstellen neuer
Kategorien

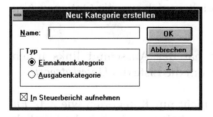

Zunächst müssen Sie einen Namen für die neue Kategorie bestimmen. Daraufhin ist festzulegen, ob die neue Kategorie *Ausgaben* oder *Einnahmen* repräsentieren soll.

Die letzte Option besteht darin, alle Einträge, die Sie künftig dieser Kategorie zuweisen, in der Steuererklärung, sprich dem *Steuerbericht*, erscheinen zu lassen.

Sobald Sie diese Eingaben gemacht haben, wird der Ausschnitt, der sich auf der rechten Seite des Fensters *Kategorien erstellen* befindet, interessant.

Hier erscheint oben der Name, den Sie eben festgelegt haben. Es bleibt nun Ihnen überlassen, ob Sie die Möglichkeit wahrnehmen, dieser Kategorie eine Abkürzung und einen Kommentar hinzuzufügen.

Falls Sie dies noch nicht im vorgehenden Fenster getan haben, können Sie diese Kategorie nun auch noch mit in den Steuerbericht aufnehmen.

Falls es sich um steuerlich relevante Kosten handelt, müssen Sie nun auch noch den aktuellen Umsatzsteuersatz eingeben, damit MS-Money im Steuerbericht die richtigen Berechnungen durchführen kann.

Die Schaltfläche *Löschen* erklärt sich fast von allein. Haben Sie eine Kategorie markiert, d. h., ist sie vom Cursor unterlegt, so genügt die Auswahl von *Löschen*, um diese Kategorie aus der Kategorienliste zu entfernen.

Kategorie löschen

Mit der Schaltfläche *Ändern* können Sie die Bezeichnung und/oder die Zuordnung als Einnahme- oder Ausgabekategorie abändern.

Kategorie ändern

Um beispielsweise den Kommentar oder ab 1.1.1993 den Umsatzsteuersatz zu ändern, müssen Sie lediglich mit der Maus in den rechten Ausschnitt klicken und dort in den entsprechenden Feldern die gewünschten Änderungen vornehmen.

 Praxis

3.1.2 Die Definition von eigenen Unterkategorien

Alles, was eben für den linken oberen Ausschnitt, also die Kategorien, ausgeführt wurde, können Sie genauso auf den linken unteren Ausschnitt, d. h. die *Verwaltung der Unterkategorien*, anwenden.

Der einzige Unterschied in der Vorgehensweise besteht darin, daß eine neue Unterkategorie nicht als Einnahmen- oder Ausgabekategorie deklariert wird, sondern lediglich einer bereits existierenden Kategorie zugewiesen wird.

Haben Sie bei einer Kategorie bzw. Unterkategorie den Umsatzsteuersatz eingegeben, so erscheint in der entsprechenden Liste auf der linken Seite hinter dem Namen des Eintrags auch noch die Zahl 14.

Hinweis

Alle Einträge, bei denen dies der Fall ist, müssen bei einer Änderung des Umsatzsteuersatzes selbstverständlich auch abgeändert werden. MS-Money bietet hier keinen Befehl, der global alle Einträge mit 14% auf 15% abändert. Sie müssen hier also Eintrag für Eintrag durchgehen, um diese Änderung manuell vorzunehmen.

3.2 Was sind Konten?

Max. 63 Konten

Alle Buchungen, die Sie mit MS-Money eingeben, werden in Konten verwaltet. Hierbei gilt die Einschränkung, daß eine MS-Money-Datei maximal 63 Konten enthalten kann.

Normalerweise sollte diese Zahl ausreichend sein. Ist dies nicht der Fall, so sollte das für Sie auch kein Grund zur Traurigkeit sein: Sie erstellen dann einfach mehrere Dateien, und die Anzahl der Dateien ist dann lediglich durch die Kapazität Ihrer Festplatte begrenzt.

3.2.1 Erstellen von neuen Konten

Beim ersten Start von MS-Money müssen Sie nach der Auswahl der Kategorien ein Konto erstellen. Zu diesem Zweck erscheint das folgende Fenster, in dem das erste Konto festgelegt wird.

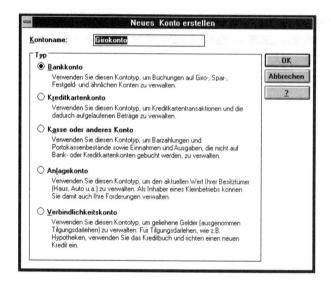

Abb. 22:
Erstellen eines Kontos

Hier werden Ihnen die Arten von Konten angeboten, mit denen Sie mit MS-Money arbeiten können. Im einzelnen sind dies *Bankkonten, Kreditkartenkonten, Bargeldkonten, Vermögenskonten* und *Verbindlichkeitskonten*.

Bankkonto

Dieser Kontentyp ist dafür geeignet, Buchungen zu verwalten, deren Ziel bzw. Quelle ein Girokonto, ein Sparbuch oder ein sonstiges Anlagekonto (Festgeld, Vermögenswirksame Leistungen usw.) ist. Der Unterschied zu den folgenden Konten liegt immer in der Bezeichnung der fünften und sechsten Spalte des Kontobuchs. Bei einem Bankkontobuch sind diese Spalten mit *Zahlung* bzw. *Einzahlung* überschrieben.

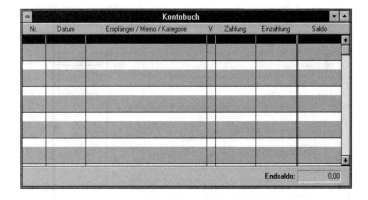

Abb. 23: Kontobuch für Bankkonten

Kreditkartenkonto

Dieses Konto ist für die Verwaltung von Ausgaben geeignet, die mit einer Kreditkarte getätigt wurden. Die Bezeichnung der fünften und sechsten Spalte lautet hier Belastung bzw. Gutschrift.

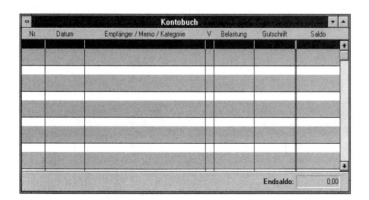

*Abb. 24:
Kontobuch für
Kreditkartenkonten*

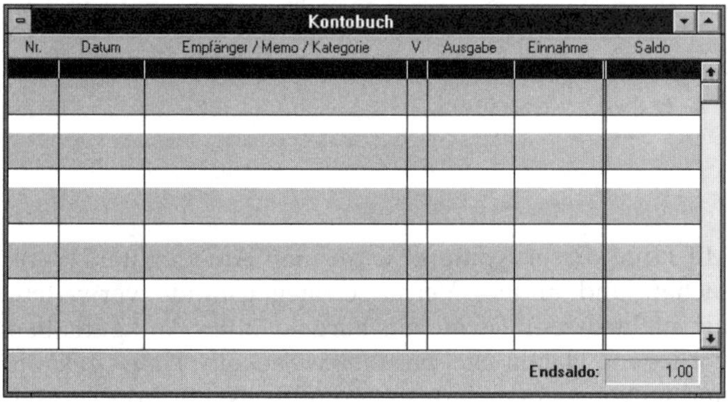

*Abb. 25:
Kontobuch für
Bargeldkassen*

Kasse oder anderes Konto

Diese Art von Konto verwenden Sie dort, wo Sie Zahlungen mit Bargeld getätigt haben. Für den privaten Gebrauch wäre dies die geeignete Kontoart für die Verwaltung des Haushaltsgeldes. Wollen Sie MS-Money geschäftlich einsetzen, so können Sie hiermit Ihre Kasse,

Ihre Portokasse und ähnliche Kassen verwalten. In diesem Kontobuch lautet die Bezeichnung für die Transaktionen in der fünften und sechsten Spalte *Ausgabe* bzw. *Einnahme*.

Abb. 26:
Kontobuch für
Vermögenskonten

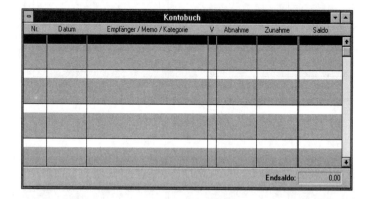

Anlagekonto

Mit Hilfe dieser Kontoart kann man Anlagegüter, Wertsachen und andere Vermögensgegenstände verwalten, die nicht in der Form von Bargeld oder Bankguthaben vorliegen. Haben Sie beispielsweise ein Haus gekauft und teilweise finanziert, so nimmt der Wert Ihres Hauses mit jeder Rate zu, die Sie an die Bank zahlen. Für den geschäftlichen Gebrauch ist diese Art von Konto auch für der Verwaltung von Forderungen an Kunden geeignet. Die Bezeichnung für die Kontoänderungen lautet hier *Abnahme* bzw. *Zunahme*.

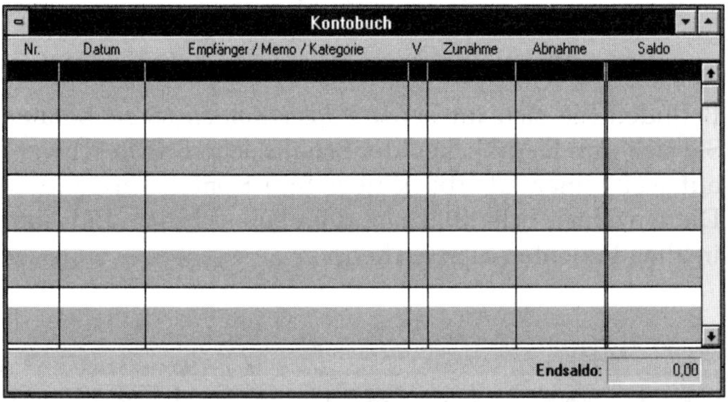

*Abb. 27:
Konto für
Verbindlichkeiten*

Verbindlichkeitskonto

Diese Art von Konto verwenden Sie dann, wenn Sie Verbindlichkeiten haben, die nicht unter die Rubrik *Kredite* fallen. Gemeint sind damit in erster Linie Zahlungen, die nicht sofort, sondern erst zu einem späteren Zeitpunkt fällig werden.

Beim Verbindlichkeitskonto handelt es sich um eine Kontoart, die vor allem für den geschäftlichen Gebrauch benutzt werden sollte. Es eignet sich bestens für die Verwaltung Ihrer Verbindlichkeiten gegenüber Lieferanten.

 Hinweis

Die Transaktionen auf diesem Konten werden mit *Zunahme* bzw. *Abnahme* bezeichnet.

MS-Money-Grundbegriffe

3.2.2 Der Kontolistenbericht schafft Übersicht

Befinden Sie sich im Fenster *Liste/Kontoliste*, so können Sie sich durch Anklicken der Schaltfläche *Bericht* schwarz auf weiß einen Überblick über Ihre Konten verschaffen. Die einzelnen Schaltflächen, die oben sichtbar sind, sind in allen Berichten die gleichen.

Abb. 28:
Erstellen eines
Kontolistenberichts

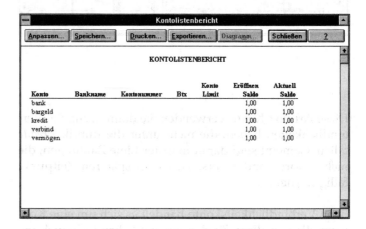

Der einzige Unterschied befindet sich hinter der Schaltfläche *Anpassen*. Hier gibt es selbstverständlich für jeden Bereich eigene Einstellungsmöglichkeiten.

Beim Kontolistenbericht können Sie festlegen, welche Angaben zusätzlich zum Namen des Kontos angezeigt und später ausgedruckt werden sollen. Im einzelnen handelt es sich hierbei um die Angaben *Abkürzung*, *Bankinformationen*, *Kontosalden* und *Kontolimit*.

Alle weiteren Einstellungsmöglichkeiten, die Schaltflächen im Hauptfenster inbegriffen, sind, wie bereits erwähnt, in allen Berichtsgeneratoren gleich.

Eine ausführliche Beschreibung dieser übrigen Optionen erhalten Sie im nächsten Abschnitt am Beispiel eines *Empfängerlistenberichts*.

3.3 Der Empfänger

Was ein Empfänger ist, muß wohl nicht besonders ausführlich erklärt werden. Es handelt sich hier schlicht und einfach um die Personen oder Firmen, an die Ihre Zahlungen gehen. Interessant wird es für Sie jedoch sein, wie Sie alle Empfänger, die Sie im Laufe Ihrer Arbeit mit MS-Money anlegen, komfortabel verwalten können.

 Praxis

3.3.1 Definition von Empfängern beim Buchen

Das Anlegen alleine ist ganz einfach. Sie geben einfach im Rahmen Ihrer Buchungen im entsprechenden Eingabefeld einen Empfänger ein. An dieses Feld ist eine sogenannte Listbox gekoppelt.

Empfänger anlegen

Falls Sie sich sicher sind, daß Sie eine bestimmte Person zu einem früheren Zeitpunkt schon einmal als Empfänger eingegeben haben, können Sie diese Listbox öffnen und dort aus den Einträgen auswählen.

Das heißt, jeder Eintrag wird sofort in diese Liste aufgenommen und steht ab diesem Moment für Ihre Arbeit zur Verfügung. Bei einem neuen Empfänger kann zur Sicherheit noch eine Abfrage erscheinen, in der Sie die Eingabe bestätigen müssen. Dies hängt davon ab, ob Sie bei den *Einstellungen* diese Sicherheitsabfrage aktiviert haben.

Die Daten, die Ihnen dann zur Verfügung stehen, sind jedoch nicht immer ausreichend.

So wissen Sie beispielsweise nicht, wie Sie Herrn Müller von Herrn Müller unterscheiden sollen. Hierzu benötigen Sie dann weitergehende Angaben, die jedoch bei der Arbeit im Kontobuch nicht gemacht werden können.

3.3.2 Arbeiten mit der Empfängerliste

MS-Money bietet Ihnen für diesen Zweck die Befehlsfolge *Liste/Empfängerliste* an. Haben Sie diesen Befehl ausgewählt, so erscheint das folgende Fenster.

Auf der linken Seite des Fensters wird die Liste aller Empfänger angezeigt, die Sie in dieser Datei verwendet bzw. definiert haben. Unterhalb dieser Liste befinden sich drei Schaltflächen mit den Aufschriften *Neu*, *Löschen* und *Umbenennen*.

Mit der Option *Neu* fügen Sie einen neuen Empfänger in die Liste ein. *Löschen* entfernt den markierten Empfänger aus Ihrer Liste.

Nach der Auswahl dieser Option erscheint noch ein Fenster mit dem Titel *Bestätigung*, in dem Sie nochmals den Löschvorgang bestätigen müssen.

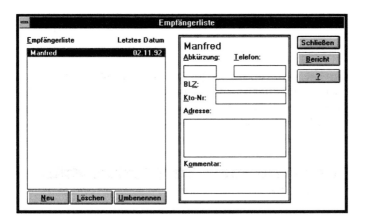

*Abb. 29:
Verwalten der
Empfängerliste*

Hat sich der Name eines Ihrer Empfänger geändert, so wählen Sie die Option *Umbenennen*. In diesem Fall erscheint ein Fenster, in dem Sie den Namen abändern können.

Wie bereits ausgeführt, kommen Sie jedoch nur mit den Namen nicht immer zum Ziel. Aus diesem Grund steht in der rechten Hälfte des Fensters ein Bereich zur Verfügung, in dem Sie zu jedem Empfänger zusätzliche Angaben machen können.

Im einzelnen handelt es sich hierbei um die Eingabemöglichkeiten *Abkürzung, Telefon, Bankleitzahl, Kontonummer* und *Adresse*.

Zusätzliche Angaben

Darüber hinaus können Sie jeden Empfänger auch noch mit einem Kommentar versehen, der Ihnen endgültig die Möglichkeit zur Differenzierung der verschiedenen Empfänger verschafft.

3.3.3 Berichtserstellung für die Empfängerliste

Um die ganzen Empfänger, die Sie definiert haben, auch zu Papier bringen zu können, wählen Sie die Schaltfläche *Bericht* auf der rechten Fensterseite. Daraufhin erscheint das folgende Fenster.

Abb. 30:
Berichte für
Empfängerliste
erstellen

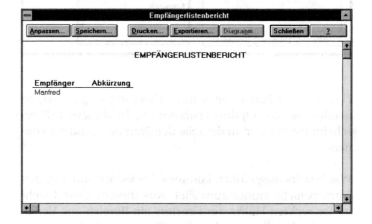

Im oberen Teil des Fensters befinden sich sieben Schaltflächen, wobei eine (*Diagramm*) heller beschriftet ist.

Dies ist, wie Sie ja wissen, ein Merkmal dafür, daß diese Option zur Zeit nicht wählbar ist. Es würde schließlich auch keinen Sinn machen, ja sogar überhaupt nicht funktionieren, mit Texten ein Diagramm zu erstellen.

Konzentrieren Sie sich also auf die restlichen Schaltflächen. Wenn Sie *Anpassen* auswählen, so erscheint ein

Fenster, in dem Sie festlegen können, welche Informationen über die Empfänger im Bericht angezeigt werden sollen.

Abb. 31: Anpassen des Empfängerlistenberichts

Immer angezeigt wird der Name des Empfängers. Zusätzlich können Sie sich die von Ihnen festgelegte Abkürzung für den Namen des Empfängers, die Telefonnummer, die Kontonummer und das Datum der letzten Verwendung anzeigen lassen.

Inhalt und Layout

Zusätzlich zu diesen Angaben können Sie das Layout des Berichts bestimmen. Über die Schaltfläche *Breite* gelangen Sie in ein Fenster, in dem Sie festlegen können, welche Breite die einzelnen Spalten Ihrer Liste haben sollen.

Zur Auswahl stehen hier *Automatisch, Schmal, Standard, Breit* und *Extra Breit*.

Die Auswahl sollte sich danach richten, wie viele Angaben Sie auf dem Blatt haben wollen:

Tip

- Sind für Sie nur zwei Angaben interessant, so sollten Sie *Breit* wählen, um den Platz auf dem Blatt besser auszunutzen.

Erste Schritte 85

MS-Money-Grundbegriffe

- Wollen Sie alle Angaben über den Empfänger ausdrucken, so empfiehlt sich *Schmal*, damit Sie sicher sein können, daß alle Angaben auch auf das Blatt passen.

Schriftart

Eine weitere Gestaltungsmöglichkeit besteht darin, die *Schriftart* für den Bericht festzulegen. Diese Schriftart gilt für alles, was ausgedruckt wird.

Zur Verfügung stehen Ihnen hier alle TrueType-Schriftarten, die bei der Installation von Windows auf Ihre Festplatte gebracht wurden.

Verwenden Sie Zusatzschriften (z. B. Adobe Type Manager oder FaceLift), so können Sie selbstverständlich auch mit diesen Schriftarten arbeiten.

Über die Schaltfläche *Ansicht* gelangen Sie schließlich wieder in das Ausgangsfenster. Hier können Sie sich davon überzeugen, daß die Auswirkungen Ihrer Angaben dem entsprechen, was Sie im Sinn hatten.

Die zweite Schaltfläche dient zum Speichern der Anpassungen. Es kann ja vorkommen, daß Sie eine Liste in verschiedenen Formen benötigen. Normalerweise müßten Sie bei jedem Aufruf des Berichtsgenerators den Bericht neu erstellen.

Nutzen Sie jedoch die Möglichkeit des Speicherns, so müssen Sie bei Bedarf nur die Befehlsfolge *Bericht/Gespeicherte Berichte* aktivieren.

In diesem Fall erscheint das folgende Fenster, in dem Sie aus allen gespeicherten Berichten denjenigen auswählen können, den Sie für die Erledigung Ihrer aktuellen Aufgabenstellung benötigen.

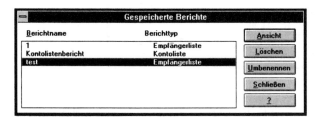

Abb. 32: Benutzen von gespeicherten Berichten

Hier werden nicht nur die Namen der gespeicherten Berichte angezeigt. Sie können aus dieser Darstellung ebenfalls ersehen, welche Quelle dieser Bericht hat, d. h., ob er auf *Konten*, *Buchungen* oder *Empfängern* usw. basiert. Anstelle der oben genannten Befehlsfolge können Sie dieses Fenster auch mit der Tastenkombination [Strg]+[B] aktivieren.

Interessant ist noch, daß die Berichte nicht als eigene Datei abgespeichert werden, sondern als Zusatzinformation zu Ihrer Money-Datei vorliegen.

Wollen Sie den soeben erstellten Bericht ausdrucken, so ist die nächste Schaltfläche genau das, was Sie auswählen sollten.

Nach dem Anklicken der Schaltfläche *Drucken...* erscheint das folgende Fenster, worin Sie alle Angaben zum Ausdrucken des Berichts machen können.

Erste Schritte **87**

Abb. 33:
Drucken von Berichten

Hier erscheint die Angabe des Druckers, auf dem dieser Bericht ausgedruckt werden soll.

Wollen Sie Ihren Bericht auf einem anderen als dem angegebenen Drucker zu Papier bringen, so können Sie die Schaltfläche *Einrichten* betätigen, um dort den anderen Drucker festzulegen.

Weitere Möglichkeiten, die Sie in diesem Fenster haben, betreffen u. a. den Umfang dessen, was ausgedruckt werden soll.

Standardmäßig ist hier *Alle* festgelegt. Sie können jedoch, abweichend davon bestimmen, daß nur bestimmte Seiten, die Sie im speziellen Fall interessieren, ausgedruckt werden sollen.

Ebenfalls interessant ist die Möglichkeit, mit einem Druckvorgang gleich eine bestimmte Anzahl von Kopien auszudrucken. Hierzu müssen Sie einfach im entsprechenden Eingabefeld die gewünschte Zahl an Kopien eingeben.

Die Schaltfläche *Einrichten* soll hier nicht weiter besprochen werden, da Sie auf die Systemsteuerung von Windows zurückgreift, d. h. die allgemeine Einrichtung des

Druckers, wie z. B. Anschluß an eine bestimmte Schnittstelle, Papierzufuhr, Druckqualität usw. betrifft. Was hier alles möglich ist, können Sie den Handbüchern zu Windows 3.1 und Ihres Druckers entnehmen.

Innerhalb des Berichtsgenerators haben Sie weiterhin die Möglichkeit, die Liste zu exportieren.

Bericht exportieren

Das bedeutet, daß die komplette Liste in einem Textformat abgespeichert wird. Jeder Eintrag wird durch einen `Tab` vom folgenden Eintrag getrennt.

Sie haben damit die Möglichkeit, die Liste, die Sie mit MS-Money erstellt haben, in fast jeder erdenklichen Anwendung (Textverarbeitung, Tabellenkalkulation, Datenbank usw.) zu verwenden und weiter zu verarbeiten.

Die Schaltfläche *Diagramm* ist, wie bereits erwähnt, bei der Empfängerliste nicht aktiv. Durch Anklicken der Schaltfläche *?* erhalten Sie Hilfestellungen bei der Erstellung des Berichts. Mit *Schließen* verlassen Sie den Berichtsgenerator.

3.4 Klassifikationen

Wie Sie wissen, benutzt man *Kategorien*, um die Buchungen besser einordnen zu können. Vorgegebene Klassifikationen bei MS-Money sind immer *Einnahme-* und *Ausgabekategorien*. Nun haben Sie darüber hinaus noch die Möglichkeit, mit eigenen Klassifikationen zu arbeiten. Ein solche Klassifikation dient dazu, eine Buchung noch genauer zu definieren. Was bedeutet dies in der Praxis?

Erste Schritte

3.4.1 Wozu dienen Klassifikationen?

Für die Führung eines gemeinsamen Kontos in einem Haushalt kann es interessant sein, zu wissen, wer beispielsweise Geld vom Geldautomaten geholt hat.

Praxis

War es der Mann, die Frau, die Tochter oder der Sohn? Für dieses Beispiel könnten Sie eine Klassifikation mit der Bezeichnung *Verwender* anlegen. Innerhalb dieser Klassifikation könnte man nun jede Person eintragen, die für die entsprechende Verwendung in Frage kommt.

Benutzen Sie MS-Money geschäftlich, so könnten Sie die Klassifikation *Kunde* verwenden. Hier könnten Sie alle Kunden definieren, um Sie in den Buchungstext mit aufzunehmen. Ohne Arbeiten mit Klassifikationen müßten Sie den Kundennamen als Kommentar jedesmal eintragen.

Haben Sie eine Klassifikation definiert, so geschieht die Auswahl über eine Listbox, ist damit also wesentlich komfortabler. Anwendungen für Klassifikationen werden in den Praxisbeispielen vorgestellt. In diesem Abschnitt sollen Sie erfahren, wie Sie Klassifikationen erstellen und verwalten können.

3.4.2 Erstellen von Klassifikationen

Um eine neue Klassifikation zu erstellen, wählen Sie die Befehlsfolge *Liste/Andere Klassifikationen...*

Max. zwei zusätzliche Klassifikationen

Wie Sie dem Fensterinhalt entnehmen können, dürfen Sie maximal zwei zusätzliche Klassifikationen definieren.

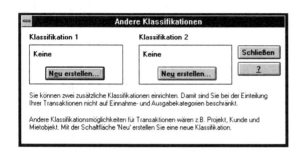

Abb. 34:
Definieren von
Klassifikationen

Sinnvoll ist es selbstverständlich, daß Sie die Schaltfläche *Neu erstellen* bei der ersten Klassifikation betätigen. Haben Sie dies getan, so erscheint ein weiteres Fenster, in dem man die Art bzw. Bezeichnung der Klassifikation festlegen kann.

Abb. 35:
Zuweisung an eine
Klassifikation
vornehmen

Zur Auswahl stehen hier die Zuweisungen *Kunde, Abteilung, Arbeit, Projekt, Mietobjekt, Auftrag* sowie ein frei zu benennendes Eingabefeld.

Unterklassifikationen Innerhalb des Fensters gibt es noch die Möglichkeit, bei Verwendung dieser Klassifikation *Untereinträge* vorzunehmen.

Sie kennen dies bereits von den Kategorien. Dort wird jede *Einnahme* oder *Ausgabe* nochmals nach ihrer Verwendungsart unterteilt.

Wählen Sie zu diesem Zeitpunkt diese Option nicht aus, so ist dies auch kein Beinbruch. Das Zulassen von Untereinträgen ist auch später zu jedem Zeitpunkt möglich.

Nach der Auswahl einer dieser Einträge, bzw. der Definition eines neuen Eintrags wechselt MS-Money in ein neues Fenster.

Abb. 36:
Einträge für die neue
Klassifikation

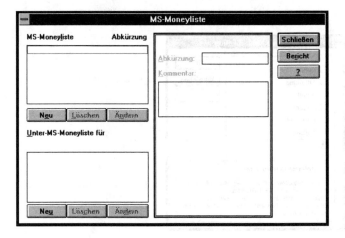

Für dieses Beispiel wurde die Erstellung von Untereinträgen zugelassen. Sie ersehen dies daraus, daß auf der linken Seite, ähnlich wie bei den Einnahme- und Ausgabekategorien, zwei Eingabefelder mit jeweils drei Schaltflächen vorgesehen sind. Wären keine Untereinträge zugelassen, so würde hier nur ein Feld mit drei Schaltflächen erscheinen.

Durch Anklicken der Schaltfläche *Neu* können Sie nun Einträge in Ihre neue Liste vornehmen. Wie Sie damit arbeiten können, soll hier nicht mehr dargestellt werden, da die Arbeitsvorgänge denen bei der Verwaltung der Konto- bzw. Empfängerliste genau entsprechen.

Erwähnenswert ist noch, daß Sie sich über die Schaltfläche *Bericht* auch eine Liste Ihrer Klassifikationseinträge ausdrucken lassen können.

Haben Sie einmal eine neue Klassifikation erstellt, wird sie automatisch als Menüeintrag unter dem Menüpunkt *Liste* integriert.

3.4.3 Modifizieren von Klassifikationen

Wollen Sie bei einer definierten Klassifikation die Bezeichnung ändern oder Untereinträge zulassen, so wählen Sie *Liste/Andere Klassifikationen* aus und betätigen bei der entsprechenden Klassifikation die Schaltfläche *Ändern*. Nun haben Sie die Möglichkeit, die gewünschte Änderung (Namensänderung, Untereinträge) vorzunehmen.

Wollen Sie etwas an den Einträgen der Klassifikation ändern, so müssen Sie unter *Liste* die entsprechende Klassifikation auswählen. Sie stehen dann sofort in dem Fenster, in dem Einträge und Untereinträge definiert, verändert oder gelöscht werden können.

Klassifikationen ändern

4. Praxisbeispiel I: Das erste Girokonto der Sabine Klug

Nach all der grauen Theorie sollen Sie nun anhand eines Beispiels in die praktische Anwendung von MS-Money eingeführt werden. Als Aufhänger für die Einweisung soll die Informatikstudentin Sabine Klug dienen.

Es versteht sich von selbst, daß diese Dame und alle anderen in weiteren Beispielen vorkommenden Personen frei erfunden und Ähnlichkeiten mit irgendwelchen tatsächlich existierenden Person rein zufällig sind.

Hinweis

Ungewollt wäre eine auftretende Ähnlichkeit jedoch nicht, da gerade mit diesen Beispielen die Tauglichkeit von MS-Money für einen sehr großen Personenkreis dargestellt werden soll.

Um nun aber auf die Studentin namens Klug zurückzukommen: Die Dame studiert im 6. Semester Informatik an der Universität Kaiserslautern. Aus diesem Grund besitzt sie einen Computer und, nachdem ihre Eltern auf eine bessere Finanzplanung gedrängt haben, auch das Microsoft-Produkt MS-Money.

Mit Hilfe dieser Anwendung will sie es endlich schaffen, ihre Einkünfte und Ausgaben besser zu überwachen, um am Ende des Monats nicht immer mit zu wenig Geld dazustehen.

Mehr Geld hat man zwar auch durch die Verwendung von MS-Money nicht zur Verfügung, aber überflüssige Ausgaben lassen sich durch Buchführung eben besser aufspüren.

Da Frau Klug also vom Fach ist, hatte sie keine Probleme Windows und MS-Money auf ihrem Computer zu installieren und macht sich nun bewaffnet mit Rechnungen, Kontoauszügen und einer Kanne Kaffee an die Arbeit. Sie startet MS-Money durch Doppelklicken auf das Symbol im Programm-Manager und wartet ab, was passiert.

4.1 Die Studentin Klug richtet ihr erstes Girokonto ein

Da Frau Klug MS-Money zum ersten Mal startet, erwartet das Programm zunächst einige Angaben von ihr, um überhaupt arbeiten zu können.

Welche Kategorie?

Zunächst sieht sie sich vor das Problem gestellt, welche Kategorie sie auswählen soll. Da sie aber weder ganz noch teilweise Geschäftsausgaben hat, wählt sie instinktiv und richtig die *Privatkategorie* aus.

Schließlich geht es ihr ja "nur" um die Verwaltung ihrer privaten Finanzen, und Dinge wie z. B. Geschäftsessen kommen vielleicht später einmal.

Bestärkt durch diese Überlegungen und den Hinweis, daß sie später jederzeit noch andere Kategorien wählen kann, klickt sie die Schaltfläche *OK* an und gelangt zum nächsten Programmfenster von MS-Money.

*Abb. 37:
Festlegung der
Kategoriengruppe*

Das Fenster, das nun erscheint, trägt den Namen *Erstes Konto erstellen*, und das ist es ja auch, was Frau Klug will.

Erstes Konto

*Abb. 38:
Hilfetext zur
Kontoerstellung*

Nachdem sie den Inhalt des Fensters zur Kenntnis genommen hat, bestätigt sie dies mit der Schaltfläche *OK* und kann nun ihr erstes Konto festlegen.

Das erste Girokonto

Abb. 39:
Definition des
ersten Kontos

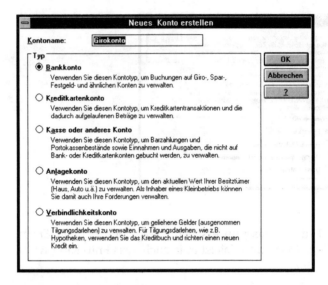

Frau Klug hat sich selbstverständlich schon vor der Arbeit mit MS-Money ihre Gedanken über die Strukturierung ihrer Finanzen gemacht. Das Resultat ihrer Überlegungen, bezogen auf MS-Money, besteht darin, daß sie zwei Konten festlegen muß.

Frau Klug wünscht
zwei Konten

Zum einen hat sie ein *Girokonto*, auf das BAFÖG und Unterstützung durch die Eltern ein- und Fixkosten wie z. B. Miete und Versicherung abgehen.

Zum anderen möchte sie aber auch über das Bargeld, das sie ausgibt, genau Buch führen. Da sie beim Start von MS-Money zunächst aber nur ein Konto definieren kann, entscheidet sie sich für die Kontenart *Girokonto* und bestätigt dies mit *OK*.

Daraufhin erscheint das folgende Fenster.

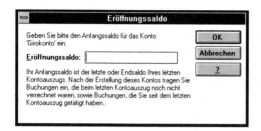

Abb. 40:
Eingabe des
Kontosaldos

Irgendwann muß man mit einer Kontoführung anfangen, und dazu bestimmt man einen Stichtag. Frau Klug sucht sich also ihren neuesten Kontoauszug heraus und gibt den dort stehenden Saldo von 54,87 DM (es ist schon Ende des Monats) in das Eingabefeld ein.

Danach klickt sie die Schaltfläche *OK* an und gelangt zur nächsten Abfrage.

Abb. 41:
Hilfestellung durch
den Buchungscoach

Hier wird ihr angeboten, mit Hilfe des *Buchungscoachs* mit der Eingabe von Buchungen zu beginnen.

Hierbei handelt es sich um ein Hilfsprogramm von MS-Money, das Schritt für Schritt durch einen Buchungssatz führt. Es ist keinesfalls geeignet zur ständigen Arbeit.

Der Buchungscoach

Das erste Girokonto

Sobald man etwas Routine hat, bzw. dieses Buch gelesen hat, benötigt man keinen Buchungscoach mehr. Dies denkt sich auch Frau Klug. Da sie zudem vom letzten Kontosaldo ausgegangen ist und im Moment keine Buchungen zu tätigen hat, entschließt sie sich, auf das freundliche Angebot von MS-Money zu verzichten, klickt daher die Schaltfläche *Nein* an und landet hierdurch in ihrem Kontobuch für das Girokonto.

Weitere Angaben

Nun möchte sie aber noch weitere Angaben zu ihrem Konto machen und wählt daher die Befehlsfolge *Liste/ Kontoliste*.

Abb. 42:
Nähere Angaben
zum Girokonto

Hier trägt sie den *Namen der Bank*, ihre *Kontonummer* sowie das *Kreditlimit* für das Konto ein. Es wäre auch noch Platz für einen Kommentar, aber da will ihr im Moment nichts Rechtes einfallen.

Ein *Btx-Konto* will sie mangels Btx auch nicht anlegen. Durch Anklicken der Schaltfläche *Schließen* beendet sie deshalb die Eingabe und kehrt in das Kontobuch zurück.

Danach beginnt sie mit der Einrichtung ihres *Bargeldkontos*, d. h. der Überwachung ihrer Geldbörse. Daher ist zunächst ein Kassensturz angesagt.

Bargeld-Konto anlegen

Alles Bargeld, das im Zimmer zu finden ist, wird gesammelt und gezählt und am Ende hat Frau Klug einen stolzen Betrag von 89,12 DM vor sich liegen. (Schließlich mußte sie ja auch 199,- DM für MS-Money hinlegen.)

Um nun das Bargeldkonto anzulegen, wählt Frau Klug den kürzesten Weg, d. h., sie aktiviert die Listbox *Konto* und wählt dort die Option *Neues Konto* ...

Daraufhin erscheint das Fenster, in dem die Art sowie der Name des Kontos festzulegen ist. Da es ihr um die Verwaltung ihres Bargeldes geht, ist die Einrichtung eines Bargeldkontos zweifellos die einzig richtige Entscheidung.

Der Einfachheit halber nennt sie das Konto auch *Bargeld*, bestätigt diese Angaben durch Anklicken der Schaltfläche *OK* und gibt im darauf erscheinenden Fenster den Saldo an. Daraufhin wird das Kontobuch des Bargeldkontos angezeigt.

Damit sie nicht immer darauf achten muß, welches Konto sie gerade bearbeitet, aktiviert sie nochmals die Listbox *Konto* und wählt dort die Option *Alle Konten*.

Hinweis

Damit hat sie erreicht, daß sie für alle Konten, die sie definiert, im Prinzip nur noch ein Kontobuch führt. Bei der Arbeit mit dem Kontobuch muß sie nun lediglich in der

Für alle Konten nur noch ein Kontobuch

Das erste Girokonto

ersten Spalte das Konto benennen, auf das sich die Buchung beziehen soll. Deutlich wird dies auf der folgenden Abbildung.

*Abb. 43:
Mehrere Konten in
einem Kontobuch*

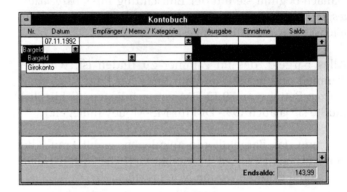

Zufrieden mit sich und ihrer Arbeit wählt sie nun die Befehlsfolge *Datei/Beenden* und sieht, daß sie bei nächsten Mal zum Beenden von MS-Money auch die Tastenkombination `Alt` + `F4` verwenden kann.

Die Arbeit beenden

Nebenbei bemerkt sie, wie einfach es ist, mit MS-Money zu arbeiten, da das Programm jede Eingabe, sei es eine Buchung oder eine Kontodefinition, sofort in die aktuelle Datei schreibt und ein Speichern vor jedem Programmende somit entfällt. MS-Money denkt also mit.

4.2 Frau Klug bucht BAFÖG, Miete und Bücher

Einige Tage später hat Frau Klug dann aber doch Veranlassung, ihr MS-Money zu starten. Mittlerweile sind auf ihrem Girokonto schon Bewegungen vorgekommen, und selbstverständlich hat sie auch einige Bargeldausgaben gehabt.

Nach dem Start von MS-Money bemerkt sie freudig, daß ihr das Laden oder Öffnen der zuletzt bearbeiteten Datei erspart geblieben ist. Das erledigt MS-Money von sich aus.

Um nun mit den Buchungen zu beginnen, betätigt Frau Klug einfach die [Enter]-Taste. Damit stellt sich das Bild des Kontobuchs so dar wie auf der folgenden Abbildung.

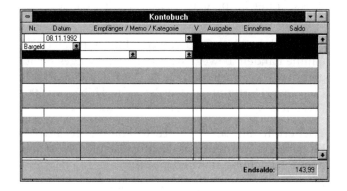

Abb. 44:
Eingabe von
Buchungssätzen

Die erste Buchung

Die erste Buchung betrifft den Unterhalt, den Frau Klug von ihren Eltern monatlich erhält. Um korrekt vorzugehen, geht sie Schritt für Schritt durch die Eingabefelder des Kontobuchs.

1. Die Eingabe einer Nummer ist zwar nicht zwingend vorgegeben, sie dient aber der besseren Übersicht. Da

es sich um die erste Buchung handelt, gibt Frau Klug auch die Nummer 1 ein.

2. Das nächste Feld, auf das Frau Klug gelangt, ist das *Datumsfeld*. Hier wird von MS-Money immer das Systemdatum angezeigt. Sofern also kein Grund besteht, ein Buchungsdatum zurück zu datieren, kann dieses Feld übergangen werden.

3. Mit der Tab -Taste bewegt sich Frau Klug auf das nächste Eingabefeld. Hier ist der Empfänger des Geldes einzutragen.

4. Sie öffnet die Listbox und stellt fest, daß hier noch keine Einträge vorhanden sind. Also beschließt sie, da sie ja der Empfänger des Geldes ist, einfach "Ich" einzugeben.

5. Da es sich bei dem Geld von den Eltern um eine Einnahme handelt, bewegt sie durch zweimaliges Betätigen der Tab -Taste den Cursor auf das Eingabefeld *Einnahme*. Dort gibt sie den Betrag in Höhe von 600,- DM ein.

6. Wiederum mit der Tab -Taste kommt sie auf das Eingabefeld, in dem das Konto festzulegen ist, auf dem die Buchung stattfinden soll.

 Hinweis

Dies ist nur dann erforderlich, wenn man wie Frau Klug mit mehreren Konten gleichzeitig arbeitet. Würde sie momentan nur mit den Girokontobuch arbeiten, würde sich diese Eingabe erübrigen.

Da es um eine Einzahlung auf das Girokonto geht, wählt sie das entsprechende Konto aus und bewegt sich auf das nächste Feld.

7. Bei diesem Eingabefeld handelt es sich um ein *Memofeld*. Frau Klug kann hier einen Kommentar zur Buchung eintragen, um sie besser zu klassifizieren.

8. Als nächstes ist die Kategorie festzulegen, der die Einnahme zuzuordnen ist. Frau Klug sucht und findet auch Anhieb keine geeigneten Einträge.

Also beschließt sie, einfach *Unterhalt* einzugeben. Ohne es zu wissen, hat sie damit eine neue Kategorie definiert.

MS-Money reagiert auch sofort und will wissen, ob es sich bei dem neuen Eintrag um eine *Einnahme-* oder *Ausgabekategorie* handelt. Frau Klug bestätigt den Vorschlag *Einnahmekategorie* und gelangt so wieder in das Kontobuch.

Abb. 45:
Definition neuer
Kategorien

9. Beim nächsten Feld kann Frau Klug eine *Unterkategorie* zur besseren Unterscheidung der Buchungen eingeben. Es findet sich hier kein Eintrag, da Frau Klug ja zuvor eine neue Kategorie definiert hat.

Also gibt sie auch hier einen eigenen Text ein und entscheidet sich für den Ausdruck *Monatsscheck*. Im Anschluß daran erscheint wieder das Abfragefenster, in dem die Zuordnung der neuen Unterkategorie zu einer Kategorie bestätigt werden muß.

10. Sie bestätigt daraufhin den Eintrag mit der `Enter`-Taste.

Als sie plötzlich ein Piepsen ihres Computers hört, bekommt sie einen leichten Schreck, um jedoch gleich darauf festzustellen, daß dies lediglich das Signal von MS-Money war, daß die Buchung angekommen und in die aktuelle Datei geschrieben wurde.

Unterhalt + BAFÖG

Auf die gleiche Weise gibt Frau Klug nun auch noch ihre Einnahmen durch BAFÖG in Höhe von 550,- DM ein. Bei den Kategorieneingaben wählt sie wieder *Unterhalt*, definiert dann aber eine neue Unterkategorie *BAFÖG*.

Miete

Die nächste Buchung, die das Girokonto betrifft, ist die Miete, die Frau Klug an ihre Vermieterin Frau Meier bezahlen muß. Für ihr Zimmer muß sie inklusive Nebenkosten 300,- DM bezahlen. In den Kategorien findet sie den Eintrag *Wohnung*, in den Unterkategorien den Untereintrag *Miete*. Diese Einträge passen, so daß Frau Klug sie von MS-Money eintragen läßt.

Weitere Einträge, die Frau Klug vornimmt, sind eine Abhebung vom Girokonto in Höhe von 400,- DM für Lebenshaltungskosten. Diese Summe trägt sie jedoch gleich in ihr Bargeldkonto ein.

Hinweis

In diesem Fall hätte Frau Klug besser mit der Klassifikation *Überweisung* gearbeitet. Hiermit wäre es möglich gewesen, direkt eine Überweisung zwischen dem Giro- und dem Bargeldkonto durchzuführen. Frau Klug hätte sich also eine Buchung sparen können.

Ausgaben

Natürlich hatte sie auch *Ausgaben*. So kaufte sie sich bei der Buchhandlung Müller ein Fachbuch über relationale Datenbanken, in der Mensa Essensmarken für den Monat November sowie ein Paar neue Jeans. Außerdem war sie zwischenzeitlich zweimal schwimmen sowie einmal im Kino.

Für den Moment hat Frau Klug keine anderen Buchungssätze mehr einzugeben. Sie beschließt daher, die eingegebenen Buchungen etwas auszuwerten.

4.3 Frau Klug blickt durch

Um sich einen Überblick über ihre Einnahmen und Ausgaben zu verschaffen, nutzt Frau Klug nun die vielfältigen Auswertungsmöglichkeiten, die MS-Money bietet.

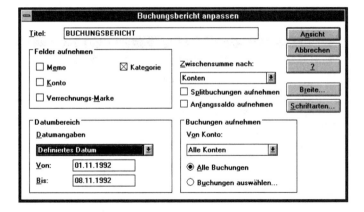

*Abb. 46:
Individuelle
Einstellung des
Buchungsberichts*

4.3.1 Erstellen eines Buchungsberichts

Sie begibt sich zunächst in den Menüpunkt *Bericht* und wählt dort die Option *Buchungsbericht* aus.

Die Ansicht, die dort erscheint, gefällt ihr jedoch nicht, so daß sie über die Schaltfläche *Anpassen* in die individuelle Definition des Berichts wechselt.

Individuelle Ansicht

Dort macht sie Angaben über die Punkte, die in den Bericht aufgenommen werden sollen, das Abrechnungsdatum sowie die Unterteilung in Giro- und Kasse oder anderes Konto.

Nachdem sie die Schaltfläche *Ansicht* gewählt hat, erscheint das folgende Fenster, mit dem sie nicht nur wegen ihres Gesamtguthabens in Höhe von 743,99 DM sehr zufrieden ist.

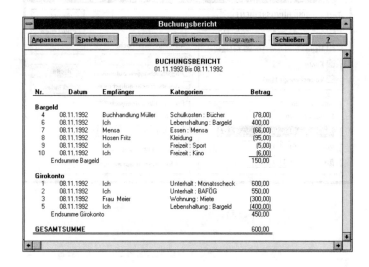

Abb. 47:
Ansicht des
Buchungsberichts

Frau Klug schaltet nun ihren Drucker ein, um anschließend die Schaltfläche *Drucken* zu betätigen.

4.3.2 Erstellen eines Sammelberichts

So auf den Geschmack für Auswertungen gekommen, wählt Frau Klug aus *Bericht* gleich den nächsten Punkt aus, nämlich *Sammelbericht*, und wechselt dort gleich in den Modus *Anpassen*. Von den Möglichkeiten, die sich ihr hier bieten, ist sie ganz überwältigt.

Abb. 48: Sammelbericht anpassen

Den Titel *Sammelbericht* findet Frau Klug in Ordnung. Sehr interessiert ist sie jedoch an der Option *Zeile für:*.

Durch mehrfaches Ausprobieren stellt sie fest, daß man hier die Ansicht des Berichts ändern kann, je nachdem ob man sich die Zusammenfassung nach *Kontentypen*, *Empfängern*, *Kategorien* bzw. *Unterkategorien*, *Wochen* oder *Monaten* anzeigen läßt.

Am aussagekräftigsten findet sie die Option *Empfänger*, da sich hiermit am besten feststellen kann, wohin das Geld, das sie ausgegeben hat, gekommen ist.

Bei der Option *Spalte für:* kann Frau Klug festlegen, ob der Bericht in *Endsumme, Konten, Kategorien* oder *Zeiteinheiten* (Wochen, Zwei Wochen, Halbmonatlich oder Monatlich) aufgeschlüsselt werden soll.

Da sie bereits bei *Zeile für* den Punkt *Empfänger* gewählt hat, kann dieser hier nicht mehr benutzt werden. Sie entschließt sich zu einer Aufteilung nach Konten, um zu sehen, wer wieviel Geld von welchen Konten bezogen hat.

Um die Aussagefähigkeit des Berichts nicht durch zuviel "Kleinkram" zu verwässern, bietet MS-Money die Möglichkeit, Beträge, die unter einer zu definierenden Prozentzahl der Gesamtumsätze liegen, unter dem Sammelbegriff *Sonstige* zusammenzufassen.

Frau Klug will alles zusammenfassen, was 5% des Gesamtbetrags unterschreitet. Weiterhin will sie nach der Höhe der Beträge sortieren lassen und klickt daher das entsprechende Feld an.

Die nächste Eingabe, der sich Frau Klug gegenüber sieht, ist die Festlegung des Datumbereichs. Aus der Listbox wählt sie die Option *Definiertes Datum* und gibt in den darunterliegenden Felder den Bereich vom 1.11.92 bis 8.11.92 ein.

Weiterhin entschließt sie sich dazu, alle Buchungen, die sie getätigt hat, in den Bericht aufzunehmen. Mit Betätigen der Schaltfläche *Ansicht* kommt sie zu ihrem Bericht zurück und betrachtet das Ergebnis.

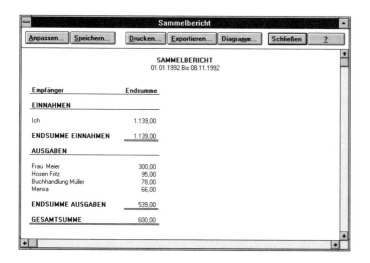

*Abb. 49:
Der Sammelbericht
von Frau Klug*

Die Endsumme, die am Ende des Berichts steht, ist nicht der tatsächliche Saldo beider Konten, sondern lediglich der Saldo für den oben angegebenen Zeitraum.

Hinweis

4.3.3 Bin ich reich?
Der Vermögensbericht gibt Antwort!

Um nun aber einen Bericht über ihre tatsächliche Vermögenslage zu erstellen, begibt sich Frau Klug mit der Befehlsfolge *Bericht Vermögensbericht* in einen weiteren von MS-Money angebotenen Berichtsgenerator.

Abb. 50:
Ansicht des
Vermögensberichts

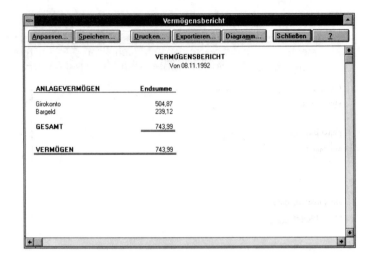

Frau Klug freut sich, nachdem sie alle erstellten Berichte zu Papier gebracht hat.

Tip

Es wird ihr dabei aber auch klar, daß eine reibungslose Verwaltung der Finanzen nur dann gewährleistet ist, wenn alle Einnahmen und Ausgaben korrekt und gewissenhaft eingetragen werden.

4.4 Damit nichts verloren geht: Sichern der Money-Dateien

In der Vorlesung über die Hardware eines Computers sprach der Professor von Frau Klug über ein Phänomen namens Head-Crash, das bei Festplatten auftreten kann.

Dieses Ereignis führt mit an Sicherheit grenzender Wahrscheinlichkeit zu Datenverlusten auf den Festplatten. Bestürzt über diese Information macht sich Frau Klug nun Gedanken, wie sie ihre doch mühsam eingegebenen Daten vor einem solchen Ereignis schützen kann.

Beim Durchsehen der Menüs fällt ihr unter *Datei* der Menüpunkt *Sicherung...* in Auge. Nach der Auswahl dieses Befehls erscheint das folgende Fenster.

Abb. 51:
Erstellen von Sicherungskopien für MS-Money-Dateien

Frau Klug erhält hier nun den Vorschlag, ihre Datei MSMONEY.MNY auf das Laufwerk A: zu kopieren, und dies mit einer Umbenennung von .MNY in .BAK (für Backup). Sie entschließt sich, diesen Vorschlag zu übernehmen, obwohl es ohne Probleme möglich wäre, auch ein anderes Laufwerk auszuwählen, unabhängig davon, ob es sich um eine Festplatte oder ein Diskettenlaufwerk handelt.

Datei sichern

Da Frau Klug manchmal etwas vergeßlich ist, nimmt sie auch gerne das Angebot war, sich bei jedem Beenden von MS-Money an die Erstellung einer Sicherungskopie erinnern zu lassen.

Diese Auswahl wirkt sich dann automatisch in den Einstellungen von MS-Money aus. Frau Klug stellt fest, das Eingabefeld *An Sicherungskopie erinnern* aktiviert ist.

An Sicherungskopie erinnern lassen

Das erste Girokonto

Hierbei handelt es sich um die Standardeinstellung von MS-Money. Würde Frau Klug dieses Kreuz durch Anklicken entfernen, würde sich diese direkt in den *Einstellungen* niederschlagen.

Nachdem sie eine Diskette in das Laufwerk A: eingelegt hat, betätigt Frau Klug die Schaltfläche *OK*, worauf die aktuelle Datei auf die Diskette kopiert wird.

Hinweis Eine auf diese Art und Weise erstellte Sicherungskopie kann bei Datenverlust der alten Datei ohne Umstände weiter bearbeitet werden. Es genügt hierzu, bei *Datei/Öffnen...* bei *Dateiformat* Sicherungsdateien (*.BAK) auszuwählen. Danach wird die Sicherungsdatei wie eine ganz normale Money-Datei behandelt.

Sobald auf eine der beiden oben geschilderten Methoden die automatische Erinnerung an eine Sicherungskopie aktiviert wurde, erscheint bei jedem Programmende von MS-Money das folgende Fenster.

Abb. 52:
Erinnern an eine
Sicherungskopie

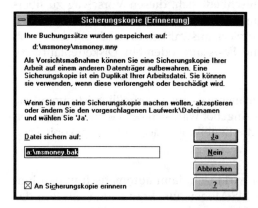

114 *Erste Schritte*

Teil III

Anspruchsvolles Finanzmanagement

An dem eben geschilderten Praxisbeispiel konnten Sie erkennen, daß sich MS-Money bestens für die Verwaltung von Finanzen in einem Privathaushalt eignet. Dabei wurden bisher nur die einfachsten Werkzeuge benutzt.

Hätte MS-Money sonst nichts zu bieten, so würde Sie bei komplizierten Aufgabenstellungen sofort an die Grenzen des Programms stoßen.

Dem ist jedoch nicht so. MS-Money kann mehr. Sie werden dies anhand von zwei Praxisbeispielen erkennen, die in diesem Kapitel geschildert werden.

Ein Familienvater hat die doch recht verzwickten Finanzangelegenheiten seiner Familie zu ordnen und ein Schreinermeister regelt mit MS-Money seine geschäftlichen Belange.

Daß MS-Money bei solchen Aufgabestellungen in die Trickkiste greifen muß, ist klar. Diese Tricks und natürlich auch genaue Beschreibungen sind der Schwerpunkt des folgenden Kapitels.

Grundlagen II

5. Grundlagen II: Was gibt es noch bei MS-Money?

Um den Finanzbedarf zu planen, bedarf es eines Werkzeugs, mit dem man auf der Basis von heutigen Ausgaben und der Berücksichtigung von anstehenden Ausgaben in die Zukunft schaut. MS-Money bietet eine recht einfache Methode, ein Budget zu erstellen.

Ein Budget würden Sie zum Beispiel erstellen, um zu sehen, ob Sie sich eine größere Ausgabe (Auto, Haus, Urlaub) leisten können.

Budget

Damit kommen Sie auch in den Bereich eines Kredits. Hierbei muß man Konditionen einholen und miteinander vergleichen. MS-Money hat einen sehr komfortablen Kreditrechner, mit dem Ihnen das beste Kreditangebot mit Sicherheit nicht entgeht.

Kredit

Und wenn Sie gerade beim Rechnen sind, vergessen Sie Ihren Taschenrechner. Windows hat auch einen solchen, und den können Sie in MS-Money benutzen.

Taschenrechner

Eine Spielerei, wenn auch eine sehr nette, ist der Währungsrechner von MS-Money. Mit Hilfe dieses Werkzeugs behalten Sie die für Sie wichtigen Devisenkurse im Auge.

Währungsrechner

Anspruchsvolles Finanzmanagement

Grundlagen II

Sind Sie neugierig geworden? Wenn ja, dann stürzen Sie sich in das nächste Kapitel. Dort werden diese Arbeitsmittel von MS-Money nämlich eingehend besprochen.

5.1 Wie wird ein Haushaltsbudget erstellt?

Bevor Sie der Frage nachgehen, wie ein Budget erstellt wird, sollten Sie sich zunächst überlegen, für welchen Zweck Sie überhaupt ein Budget anlegen würden.

Drei Gründe

Für das Erstellen eines Budgets gibt es im Prinzip drei Gründe.

- Einnahmen und Ausgaben können besser gegenübergestellt werden.
- Ausgaben können übersichtlich kontrolliert werden.
- Ein gestecktes Sparziel kann durch dieses Kontrollinstrument besser erreicht werden.

Sie aktivieren den Programmteil *Budget*, indem Sie mit der Maus in der Menüleiste den Titel *Liste/Budget* anwählen. Danach erscheint eine Meldung, durch die Sie darauf hingewiesen werden, daß Sie automatisch ihr Budget erstellen lassen können. Diese Meldung nehmen Sie zur Kenntnis, wenn Sie die Schaltfläche *OK* anklicken.

Daraufhin können Sie im eigentlichen Fenster zum Erstellen eines Budgets arbeiten. Dieses Fenster war zwar schon nach der Auswahl des Befehls *Budget* sichtbar, doch war es zu diesem Zeitpunkt noch nicht aktiv, d. h., Sie konnten noch nicht darin arbeiten.

Nun aber stehen Ihnen alle Möglichkeiten in bezug auf eine Budgeterstellung zur Verfügung.

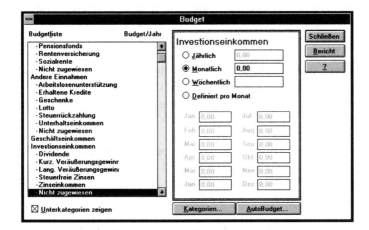

Abb. 53: Eingabe des Budgets

Sie haben auch die Möglichkeit, ein *AutoBudget* zu erstellen. Dies bedeutet, daß MS-Money Ihre bereits gemachten Buchungen als Grundlage nimmt, um selbständig einen Monats- oder Jahresetat zu erstellen.

Hierbei werden die bisher erzielten Einnahmen auf ein Jahr hochgerechnet. Dieser Betrag wird dann anteilmäßig entsprechend der bereits gemachten Ausgaben den Ausgabekategorien zugeteilt.

Automatisches Budget

Wenn Sie diese Art der Budgeterstellung verwenden möchten, müssen Sie folgende Dinge beachten:

Voraussetzung

- Es müssen bereits Buchungen vorhanden sein, da diese als Grundlage dienen. Je größer der Zeitraum ist, auf den Sie zurückgreifen können, desto besser wird die Budgeterstellung.

Grundlagen II

- Es sollten keine Buchungszeiträume verwendet werden, die außerordentliche Zahlungen beinhalten z. B. Heizölkosten in einem Monat.

- Nicht existierende Kategorien und Unterkategorien werden bei der Verteilung der Gelder selbstverständlich nicht berücksichtigt.

Manuelles Budget

Eine andere Möglichkeit der Budgeterstellung besteht darin, manuell die Einträge vorzunehmen. Dabei können Sie sogar für die jeweiligen Kategorien die Beträge in den einzelnen Monaten unterschiedlich verteilen.

Wenn Sie z. B. in den Wintermonaten vermehrt öffentliche Verkehrsmittel nutzen, wird natürlich die Kategorie *Auto* geringer ausfallen und die Ausgaben für die Kategorie *Fahrkosten Bus* ansteigen.

Außer diesen beiden Möglichkeiten der Budgeterstellung gibt es noch zwei Mischformen.

Zwei Mischformen

Die *erste dieser Mischformen* sieht so aus, daß Sie zunächst ein *AutoBudget* erstellen, um dieses anschließend *manuell* anzupassen.

Der Vorteil dieser Methode besteht darin, daß so ein Budget recht schnell erstellt werden kann.

Die *zweite Mischform* der Budgeterstellung geht genau den umgekehrten Weg. Sie können bestimmte Kategorien zuerst manuell budgetieren, um den Rest danach automatisch zu verteilen.

Sollten Sie bei dieser Vorgehensweise für eine Kategorie einen größeren Betrag veranschlagt haben als für die

120 Anspruchsvolles Finanzmanagement

Summe der dazugehörigen Unterkategorien, so erstellt MS-Money eine eigene Unterkategorie mit dem Titel *nicht zugewiesen*.

Wie erstellen Sie ein Budget

Das war das "Warum" der Budgeterstellung - nun kommt das "Wie" der Budgeterstellung:

- Wenn Sie ein AutoBudget erstellen möchten, so brauchen Sie nur die Schaltfläche *AutoBudget* zu aktivieren.

- Danach müssen Sie angeben, welcher Zeitraum für die Berechnung als Grundlage dient. Der Zeitraum muß in der Vergangenheit liegen. Weiterhin können Sie angeben, wie abgerundet werden soll.

- Des weiteren geben Sie an, für welche Kategorien ein Budget automatisch angelegt werden soll. Dabei bedeutet *Nur Kategorien ohne Budget*, daß die Kategorien, denen Sie bereits manuell ein Budget zugeteilt haben, nicht mehr berücksichtigt werden.

- Diese Option müssen Sie bei der oben genannten Mischform von manueller und automatischer Budgeterstellung auswählen.   **⚡ Hinweis**

- *Alle Kategorien* wählen Sie dann, wenn Sie noch keinen Budgetposten vergeben haben und ausschließlich ein *AutoBudget* erstellen möchten.

- Haben Sie alle gewünschten und erforderlichen Optionen festgelegt, so wählen Sie die Schaltfläche *Erstellen*. Danach erhalten Sie eine Nachricht, daß für die von Ihnen bestimmten Kategorien ein Budget erstellt wurde.

Grundlagen II

- Klicken Sie nun die Schaltfläche *Bericht* an, um eine Liste für das gesamte Jahr zu erhalten. Danach haben Sie die Möglichkeit, diese Auflistung optisch zu gestalten.

Abb. 54:
Budgetliste

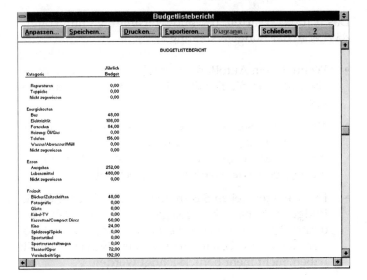

Durch das Aktivieren der Schaltfläche *Anpassen* können Sie sich ein Detailbudget erstellen lassen. Dies bedeutet, daß die einzelnen Kategorien nochmals für jeden Monat aufgesplittet werden.

Weiterhin haben Sie die Möglichkeit, die Schriftarten und die Breite der Spalten mit den entsprechenden Schaltflächen zu verändern.

Auch besteht die Möglichkeit, den Budgetbericht zu drucken und abzuspeichern. Ebenfalls können Sie das Budget als Textdatei abspeichern und in andere Programme übernehmen.

*Abb. 55:
Detaillierte Budgetliste*

5.2 Rechnen mit dem Windows-Taschenrechner

In MS-Money können Sie jederzeit auf den Taschenrechner von Windows zurückgreifen, ohne das Programm verlassen zu müssen. Den Taschenrechner aktivieren Sie über *Optionen/Taschenrechner*. Noch schneller können Sie jedoch mit der Kurztaste [Strg]+[T] auf den Taschenrechner zurückgreifen.

Der Taschenrechner wird in der Mitte des Programmfensters geöffnet. Da Sie aber den Überblick über Ihr Konto sicher nicht verlieren möchten, können Sie den Taschenrechner durch Anklicken der Titelleiste mit der linken Maustaste an einer beliebige Stelle des Bildschirms positionieren. Beachten Sie jedoch, daß Sie die Maustaste dabei gedrückt halten.

Abb. 56:
Der Taschenrechner
von Windows

Der Windows-Taschenrechner hat gegenüber einem herkömmlichen Rechner folgende Vorteile:

Vorteile des Windows-Taschenrechners

- Sie können die errechneten Werte direkt in die Anwendung übernehmen.
- Es stehen Ihnen mehr als die üblichen acht Stellen zur Berechnung zur Verfügung.

Der aufgerufene Taschenrechner wird wie ein normaler Taschenrechner verwendet. Die Tasten aktivieren Sie, indem Sie mit der Maus einmal das jeweilige Feld anklicken.

Die Eingabe von Zahlen gestaltet sich jedoch über den Zahlenblock vorteilhafter. Auch finden Sie dort alle Operatoren, die Sie zur Durchführung von Berechnungen benötigen.

Praxis

Gehen Sie einmal davon aus, daß Sie eine Rechnung in Höhe von 1.432,- DM zu bezahlen haben. Bevor Sie diesen Betrag überweisen, wollen Sie vorher 3% Skonto abziehen. In diesem Fall müssen Sie wie folgt vorgehen:

- Sie aktivieren den Taschenrechner.
- Sie geben den Betrag ein und ziehen das Skonto ab, indem Sie den Betrag mit dem Faktor 0,97 multiplizieren. So erhalten Sie einen Betrag in Höhe von 1389,04 DM.
- Sie aktivieren mit der Maus den Befehlspunkt *Bearbeiten/Kopieren*.
- Danach klicken Sie mit der Maus in das Feld von dem Kontobuch, in dem Sie den Betrag verbuchen möchten.
- Anschließend aktivieren Sie mit der Maus *Bearbeiten/Einfügen* in der Menüleiste von MS-Money. Daraufhin wird der errechnete Betrag eingefügt.

Sobald Sie ein Programmfenster von MS-Money aktivieren, tritt der Rechner in den Hintergrund und wird erst wieder über den Aufruf *Optionen/Taschenrechner* aktiv.

Natürlich ist es auch möglich, Beträge von MS-Money in den Taschenrechner zu übernehmen. Für den Fall, daß Sie einen Betrag überprüfen möchten, gehen Sie folgendermaßen vor:

Beträge aus MS-Money übernehmen

- Sie markieren den Betrag und kopieren ihn. Entweder führen Sie diesen Befehl mit der Maus durch, oder Sie geben die Tastenkombination [Strg]+[C] ein.
- Danach aktivieren Sie den Taschenrechner und fügen dort den Betrag ein. Dies erreichen Sie, indem Sie den Menüpunkt *Bearbeiten/Einfügen* wählen oder die Tastenkombination [Strg]+[V] betätigen.

Grundlagen II

•« Tip Wenn Sie den Taschenrechner nicht mehr benötigen und Ihren Arbeitsspeicher nicht unnötig strapazieren möchten, dann schließen Sie ihn durch Doppelklicken auf die Systemschaltfläche oder mit [Alt]+[F4].

5.3 Wohin geht die Reise: Der Währungsrechner

Der Währungsrechner von MS-Money speichert für Sie die aktuellen Wechselkurse. Mit Hilfe dieses Programmteils können Sie jederzeit den Wechselkurs einer Währung in DM bzw. den von DM in der entsprechenden Landeswährung erhalten.

Abb. 57:
Die Währungsliste

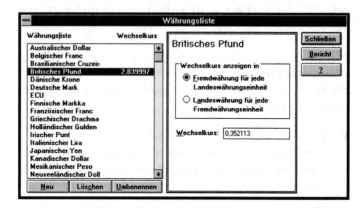

Den Währungsrechner aktivieren Sie über die Menüleiste *Liste/Währungsliste*.

126 Anspruchsvolles Finanzmanagement

Grundlagen II

Das Fenster, das daraufhin erscheint, ist in zwei Bereiche unterteilt.

Im linken Fensterbereich sind die gängigsten Währungen aufgelistet. Im rechten Fenster erhalten Sie detaillierte Informationen über die jeweilig ausgewählte Währung.

Währung + Informationen

Wenn Sie die Währungsliste zum ersten Mal aktivieren, sind noch keine Wechselkurse enthalten. Die jeweiligen Kurse müssen von Ihnen eingegeben werden. Die aktuellen Werte können Sie Ihrer Tageszeitung entnehmen.

Es ist ja nicht nötig, daß Sie alle exotischen Währungen eingeben und täglich pflegen. Sie können diese Arbeit ja auf die Währungen beschränken, mit denen Sie beruflich oder privat zu tun haben.

- Möchten Sie einen Dollarkurs von 1,51 DM eingeben, so klicken Sie mit der Maus im linken Ausschnitt *US Dollar* an.

 Praxis

- Wollen Sie nun den Preis für einen Dollar eintragen, so müssen Sie darauf achten, daß beim Auswahlfeld *Wechselkurs anzeigen* die Option *Landeswährung für jede Fremdwährungseinheit* aktiviert ist. Anschließend geben Sie in das Feld *Wechselkurs* die Zahl 1,51 ein.

- MS-Money übernimmt nun diesen Wert in die Liste. Danach fahren Sie bei den anderen für Sie wichtigen Wechselkursen nach dem gleichen Schema fort.

- Haben Sie alle erforderlichen Eintragungen vorgenommen, so können Sie sich durch Auswahl der Option *Fremdwährung für jede Landeswährungseinheit* den Wert einer DM in der jeweiligen Landeswährung anzeigen lassen.

Anspruchsvolles Finanzmanagement

Unterhalb der Währungsliste befinden sich drei Schaltflächen. Mit *Neu* können Sie eine bisher nicht aufgelistete Währungsbezeichnung hinzufügen. Benötigen Sie also beispielsweise den Wechselkurs des russischen Rubels, so klicken Sie *Neu* an und geben diese Bezeichnung ein.

Mit der Schaltfläche *Löschen* können Sie die Währungen löschen, die Sie nicht benötigen. Sie sollten dies bei all den Währungen machen, die Sie aller Wahrscheinlichkeit nach nie brauchen werden. Dadurch erhalten Sie einen besseren Überblick über die wesentlichen Währungen.

Durch Anklicken der Schaltfläche *Umbenennen* ändern Sie die Namen für die jeweils vorher ausgewählte und dadurch mit dem Cursor unterlegte Währung.

Aktueller Wechselkursbericht

Die Schaltfläche *Bericht* am rechten Rand des Fensters dient zur Erstellung eines aktuellen Wechselkursberichts.

Diesen Bericht können Sie mit der Schaltfläche *Anpassen* verändern. Sie können sich hiermit den Wechselkurs sowohl in Landes- als auch in der jeweiligen Fremdwährung anzeigen lassen. Wie von anderen Berichten bereits bekannt, können Sie auch die Schriftart und die Breite der Spalten verändern, um den Bericht optisch etwas aufzumöbeln.

Über die Schaltfläche *Exportieren* besteht die Möglichkeit, den Wechselkursbericht in Form einer Textdatei abzuspeichern und diese danach in anderen Programmen wieder zu verwenden.

Grundlagen II

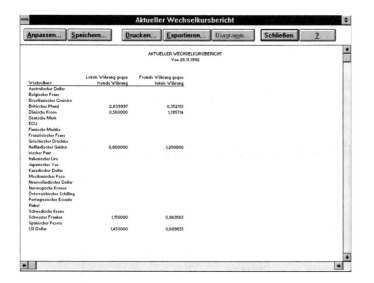

*Abb. 58:
Aktueller
Wechselkursbericht*

Den Bericht verlassen Sie durch Betätigen der Schaltfläche *Schließen*. Möchten Sie die Währungsliste ebenfalls schließen, betätigen Sie auch hier die Schaltfläche *Schließen*.

5.4 Was kostet ein Kredit: Der Kreditrechner von MS-Money

Zweck des Kreditrechners ist es, Vergleiche zwischen verschiedenen Kreditkonditionen anzustellen. Hiermit finden Sie Antworten auf Fragen wie: Wie ändern sich die Zahlungen bei veränderten Zinssätzen oder Laufzeiten?

Zweck

Anspruchsvolles Finanzmanagement 129

Sie können sich mit dem Kreditrechner einen Zahlungsplan erstellen lassen, in dem die Tilgungen und die Zinsen getrennt ausgewiesen werden.

Den Kreditrechner aktivieren Sie über die Menüleiste mit der Befehlsfolge *Optionen/Kreditrechner*.

Abb. 59:
Der Kreditrechner

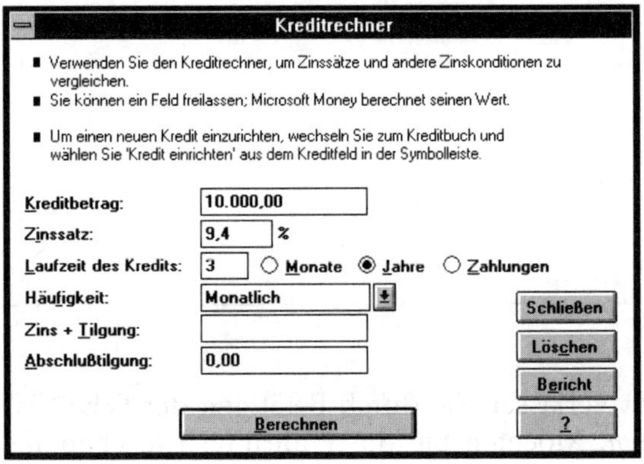

```
┌─────────────────── Kreditrechner ───────────────────┐
│ ■ Verwenden Sie den Kreditrechner, um Zinssätze und andere Zinskonditionen zu
│   vergleichen.
│ ■ Sie können ein Feld freilassen; Microsoft Money berechnet seinen Wert.
│ ■ Um einen neuen Kredit einzurichten, wechseln Sie zum Kreditbuch und
│   wählen Sie 'Kredit einrichten' aus dem Kreditfeld in der Symbolleiste.
│
│  Kreditbetrag:        10.000,00
│  Zinssatz:            9,4      %
│  Laufzeit des Kredits: 3     ○ Monate  ● Jahre  ○ Zahlungen
│  Häufigkeit:          Monatlich                    [Schließen]
│  Zins + Tilgung:
│  Abschlußtilgung:     0,00                         [Löschen]
│                                                    [Bericht]
│           [Berechnen]                              [?]
└──────────────────────────────────────────────────────┘
```

Beim Kreditrechner können Sie folgende Einträge vornehmen:

- Kreditbetrag
- Zinssatz
- Laufzeit
- Zahlungsfrequenz
- Zahlungsbetrag
- Abschlußtilgung

Sollten Sie bei der Abschlußtilgung keinen Betrag eingeben, so wird MS-Money davon ausgegangen, daß der Restbetrag 0,00 DM ist.

Von den fünf erstgenannten Eingabemöglichkeiten müssen vier angegeben werden. Die fehlende Eingabe wird dann vom Kreditrechner berechnet und ausgegeben.

Praxis

Angenommen Sie möchten einen Kredit über 10.000,- DM aufnehmen. Der Zinssatz soll 9,4% und die Laufzeit 3 Jahre betragen. Eine Abschlußtilgung soll nicht erfolgen.

Sie geben dann bei *Kreditbetrag* 10000, bei *Zinssatz* 9,4 und bei *Laufzeit des Kredits* 3 ein. Beachten Sie bitte beim letzten Punkt, daß die Option *Jahre* aktiviert ist.

Danach betätigen Sie die Schaltfläche *Berechnen*. Der Kreditrechner wird Ihnen auf der Basis Ihrer Eingaben eine monatliche Belastung in Höhe von 319,86 DM errechnen.

Vergleich verschiedener Kreditkonditionen

Nun stellen Sie sich weiter vor, ein guter Freund würde Ihnen erzählen, daß er eine Quelle kennt, wo man für diesen Betrag bei der gleichen Laufzeit nur 300,- DM bezahlen muß. Der einzige Unterschied bezüglich der Rahmenbedingungen würde darin bestehen, daß am Ende der Laufzeit eine Abschlußtilgung von 1500,- DM fällig wäre.

Um nun einen Vergleich zwischen den beiden Varianten anzustellen, geben Sie die Werte, die Ihnen Ihr Freund genannt hat, in den Kreditrechner ein.

Um nun eine neue Berechnung durchzuführen, müssen Sie zunächst die Schaltfläche *Löschen* betätigen. Hiermit entfernen Sie alle Angaben zur vorherigen Berechnung.

Wenn Sie nur einzelne Angaben verändern möchten, müssen Sie jedoch nicht die Schaltfläche *Löschen* betätigen. In diesem Fall ändern Sie lediglich die einzelnen Werte ab und achten darauf, daß das zu berechnende Feld leer ist. Ansonsten erhalten Sie eine Fehlermeldung.

Wenn Sie nun diese Werte für das zweite Finanzierungsmodell eingegeben haben, werden Sie feststellen, daß Sie sich damit wesentlich schlechter stellen würden. Anstelle eines Zinssatzes von 9,4 % wie im ersten Beispiel, würde der Zinsatz hier 12,5% betragen.

Tilgungsplan

Natürlich verfügt der Kreditrechner auch über die Möglichkeit, Ihnen einen genauen Tilgungsplan aufzustellen.

Geben Sie nochmals die Werte für das erste Finanzierungsbeispiel ein. Danach betätigen Sie die Schaltfläche *Bericht*. Sie erhalten daraufhin einen genau nach Tilgung, Zinsen und Zahlungsterminen aufgeschlüsselten Zahlungsplan.

Dieser *Kredittilgungsplan* ist in sechs Spalten untergliedert. In den ersten beiden Spalten sehen Sie das Zahlungsdatum und die laufende Nummer der Zahlung. Die dritte Spalte zeigt Ihnen den monatlich zu zahlenden Betrag an.

Tilgung und Zinsen

Die beiden nächsten Spalten, überschrieben mit Tilgung und Zins, zeigen Ihnen die Anteile von Tilgung und Zinsen an der Gesamtrate. Die letzte Spalte zeigt den noch zu bezahlenden Betrag an. Am Ende der Liste erhalten

Sie eine Zusammenfassung der gezahlten Summe und zwar wiederum aufgeschlüsselt in Tilgung und Zinsen.

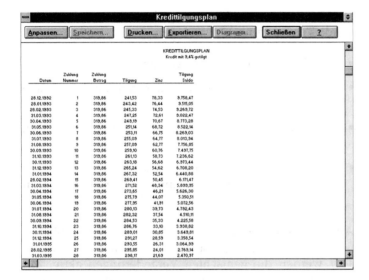

Abb. 60: Der Kredittilgungsplan

Im oberen Bildschirmbereich befinden sich sieben Schaltflächen. Mit der Schaltfläche *?* erhalten Sie *Hilfe* und mit *Schließen* kehren Sie zurück zum vorhergehenden Fenster. Eine Erstellung eines *Diagramms* ist nicht möglich.

Mit *Exportieren* können Sie den Bericht im Textformat abspeichern und in anderen Anwendungen weiterbearbeiten (siehe Teil IV., Kapitel 10 "Zusammenarbeit mit anderen Programmen").

Ein Speichern diese Kredittilgungsplans ist leider nicht möglich.

Hinweis

Grundlagen II

Mit der Schaltfläche *Anpassen* können Sie die Darstellung der Liste verändern und auch nur zeitliche Teilbereiche anzeigen lassen.

Tilgungsplan anpassen Sie können bei der Anpassung des Tilgungsplanes folgende Veränderungen vornehmen:

- Die Überschrift des Plans verändern.
- Zwischensummen viertel- oder ganzjährig auflisten lassen.
- Angabe der Spalten, die in Ihrem Plan erscheinen sollen.
- Im Datumsbereich können Sie festlegen, daß nur eine Auflistung über einen bestimmten Zeitraum erfolgen soll.

Auch in diesem Fenster haben Sie wieder die üblichen Schaltflächen von Anpassungen zur Verfügung. Mit *Ansicht* werden die gemachten Veränderungen aktiv. Mit *Abbrechen* machen Sie Ihre Angaben in diesem Fenster rückgängig.

Die Schaltfläche *?* aktiviert einen Hilfetext. Mit *Breite* können Sie die Breite der Spalten im Tilgungsplan verändern, und mit *Schriftarten* können Sie unter den von Windows vorgegebenen Schriftarten und Größen auswählen.

•◀◀ Tip

Sollten Sie bei einigen Berechnungen den Taschenrechner von Windows benötigen, dann gehen Sie folgendermaßen vor:

134 Anspruchsvolles Finanzmanagement

Grundlagen II

- Aktivieren Sie den Taschenrechner vor dem Kreditrechner.
- Legen Sie den Taschenrechner als Symbol ab.
- Aktivieren Sie den Kreditrechner wie beschrieben.

Benötigen Sie nun während der Arbeit mit dem Kreditrechner den Taschenrechner, so können sie diesen auf verschiedene Arten aktivieren.

Kredit- und Taschenrechner nutzen

- Schalten Sie mit `Strg`+`Esc` in die Taskliste von Windows und wählen Sie dort den Taschenrechner aus.
- Betätigen Sie so lange die Tastenkombination `Alt`+`Tab`, bis das Icon für den Rechner erscheint.

Diese zunächst umständlich klingende Vorgehensweise hat seinen Grund. Sobald Sie nämlich den Kreditrechner aktiviert haben, besteht keine Möglichkeit mehr, den Taschenrechner auf die übliche Weise mit der Befehlsfolge *Optionen/Taschenrechner* aufzurufen.

Der Austausch von Werten zwischen Taschenrechner und Kreditrechner muß mit Tastenkombinationen erfolgen (`Strg`+`C` für Kopieren und `Strg`+`V` für Einfügen).

Die Arbeit mit dem Kreditrechner beenden Sie mit der Schaltfläche *Schließen* oder mit einem Doppelklick auf die Systemschaltfläche.

6. Praxisbeispiel II: Familie Groß kontrolliert ihre Finanzen

Die nächsten Anwender, die Ihnen darstellen, wie man bei der Arbeit mit MS-Money vorgehen kann, ist die Familie Groß.

Gerhard Groß ist 36 Jahre alt und verdient als Angestellter in einem Metallunternehmen in Heidelberg 3154,36 DM inklusive Kindergeld im Monat. Sein Hobby ist die EDV, und deshalb hat er sich im vergangenen Jahr einen PC zugelegt. Er verbringt darüber soviel Zeit, daß seine Frau hin und wieder heftig werden muß, um ihn auch für andere Dinge zu begeistern.

Seine Frau Karin ist 31 Jahre und arbeitet als Erzieherin in einem Kindergarten. Sie bezieht ein monatliches Einkommen in Höhe von 1830,42 DM.

Zur Familie gehören die beiden Kinder Michael (7 Jahre) und Julia (5 Jahre). Ebenfalls zur Familie gehört natürlich Seppl, der Rauhhaardackel.

Familie Groß bewohnt eine 5-Zimmerwohnung in einem Vorort von K. und bezahlt dafür 1100,- DM Miete.

An Rücklagen verfügt die Familie über ein Sparbuch mit 14,890,- DM und ein Guthaben auf dem Girokonto in Höhe von 7833,22 DM.

Da Herr Groß gerade Urlaub hat, beschließt er, die Ein- und Ausgaben der Familie mit Hilfe seines PCs und MS-Money besser zu kontrollieren.

6.1 Alle Konten unter einem Hut

Sorgfältig wie Herr Groß nun einmal ist, macht er sich zunächst Notizen über die Finanzstruktur seiner Familie. Er überlegt, auf welchen Konten sich Geld befindet und welche Konten für die Verwaltung des Haushaltsgeldes angelegt werden müssen. Dann macht er sich an die Arbeit mit MS-Money.

Privatkategorie

Zuerst muß Herr Groß eine Kategorie auswählen. Er entschließt sich dazu, hier den Typ *Privatkategorie* zu verwenden. Diese Auswahl erleichtert ihm später das Eingeben von Vorgängen, da MS-Money hier schon viele in einem Haushalt gängige Einteilungen vorgibt.

Vier Konten

Danach muß Herr Groß noch festlegen, welche Arten von Konten er anlegen möchte. Er kommt zu dem Schluß, daß er vier Konten benötigt.

- Ein *Bankkonto*, auf dem alle Vorgänge des Bankgirokontos eingetragen werden,

- ein *Kreditkartenkonto*, da seine Ausgaben, die er mit seiner Karte macht, immer am Ende des Monats in Einzelposten das Girokonto belasten.

- Weiterhin ein *Bankkonto* für das Sparbuch und

- ein *Kassen- oder anderes Konto* (in diesem Fall ein Bargeldkonto) für die täglichen Ausgaben im Haushalt.

Da er zum jetzigen Zeitpunkt nur ein Konto erstellen kann, geht er gemäß der obigen Liste vor. Er wählt also zuerst den Kontentyp *Bankkonto* aus und übernimmt den bereits vorgegebenen Namen GIROKONTO.

Girokonto

Anschließend trägt er den Eröffnungssaldo von 7833,22 DM ein.

Die weiteren Konten erstellt Herr Groß, indem er über die Funktionsleiste die Listbox *Konto* anwählt. Dort klickt er *Neues Konto...* an.

Daraufhin wird er wieder nach dem Kontentyp gefragt. Nun wählt er ein Kreditkartenkonto aus und benennt dieses Konto KARTE. Als Saldo trägt er 0,00 DM ein.

Kreditkartenkonto

Auf die gleiche Art wie das Girokonto erstellt Herr Groß ein weiteres Bankkonto und benennt dieses SPARBUCH. Als Saldo trägt er 14.890,- DM ein.

Sparbuchkonto

Mit dem letzten Konto will Herr Groß die Bargeldausgaben der Familie (Haushaltsgeld) verwalten. Er erstellt ein *Kasse oder anderes Konto* und benennt dieses BARGELD. Als Saldo wird der momentan bar zur Verfügung stehende Betrag von 230,50 DM eingetragen.

Bargeldkonto

Alle eben definierten Konten speichert Herr Groß unverzüglich - Sicherheit geht vor - unter dem Namen KASSE.

6.2 Einordnen von Einnahmen und Ausgaben

Zwischen den einzelnen Konten kann Herr Groß über *KONTO* in der Funktionsleiste wechseln. Dort muß er lediglich das Konto anklicken, mit dem er jetzt arbeiten will. Darüber hinaus hat er auch die Möglichkeit, mit allen oder mit ausgesuchten Konten zu arbeiten.

Girokonto spielt zentrale Rolle

Die zentrale Rolle bei der Erfassung spielt jedoch das Girokonto. Herr Groß wechselt zu diesem Konto und nimmt die ersten Einträge vor.

Bei den Einträgen muß er die einzelnen Kategorien unterscheiden. Da laut Kalender gerade der Erste des Monats ist, beginnt Herr Groß mit den Einträgen, die immer zum Monatsanfang fällig sind. Hierbei handelt es sich um:

- Miete
- Nebenkosten
- Kindergarten
- Vereinsbeiträge

Miete

Der erste Eintrag soll die Miete sein. Zuerst gibt Herr Groß die Buchungsnummer ein und beginnt dabei mit 1. Die *Buchungsnummer* kann maximal acht Stellen lang sein.

In der nächsten Spalte des Kontos erscheint automatisch das aktuelle *Datum*. Herr Groß ist damit einverstanden und betätigt die `Tab`-Taste.

Danach trägt er den *Namen des Empfängers* ein. Hierbei handelt es sich um die Wohnungs- und Bau GmbH.

Im darunter befindlichen *Memofeld* notiert er "Miete Januar".

Mit der `Tab`-Taste wechselt er in die nächste Spalte und gibt dort den Betrag von 1.100,- DM ein.

Bei *Kategorie* wählt er unter Ausgaben die Kategorie *Wohnung* und dazu passend die Unterkategorie *Miete*.

Er bestätigt diese Buchung mit `Enter` und in der letzten Spalte erscheint nun der neue Saldo von 6733,22 DM.

Automatisch springt nun der Cursor in die nächste Zeile, und Herr Groß kann seine nächste Überweisung eingeben.

Als Buchung 2, 3, 4 und 5 trägt Herr Groß die Nebenkosten an die Stadtwerke, an den Kindergarten und die Vereinsbeiträge ein.

Beim Beitrag zum Kindergarten ist eine Kategorie *Kinderhort* schon vorgesehen, und Herr Groß macht davon auch Gebrauch, jedoch fehlt eine weitere Unterkategorie. So erstellt er die Unterkategorie *Beitrag* in der Kategorie *Kinderhort*, indem er diesen Begriff einfach in das Eingabefeld einträgt. Damit wird diese Unterkategorie automatisch in der Kategorienliste angelegt.

Eigene Unterkategorie erstellen

Weiterhin hat Herr Groß die Vereinsbeiträge unter der Ausgabenkategorie *Freizeit* verbucht und dafür eine eigene Unterkategorie *Vereinsbeiträge* erstellt. In Zukunft werden ihm diese Kategorien immer zur Auswahl angeboten.

Abb. 61:
Eintrag der Miete als Buchung

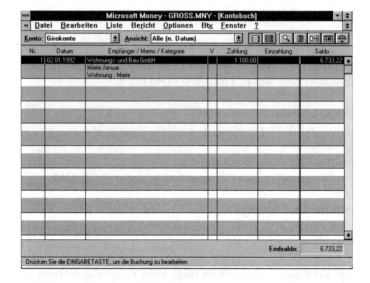

Auch die Empfängernamen sind nun von MS-Money übernommen. Durch Auswahl mit der Maus werden automatisch die gesamten Einträge von der letzten Buchung übernommen. Voraussetzung hierfür ist allerdings, daß unter *Optionen/Einstellungen/SmartFill verwenden* aktiviert wurde.

Sind die Überweisungen verrechnet, markiert Herr Groß diese mit `Strg`+`M`. Dadurch werden sie in der Spalte V markiert.

Im Laufe des Monats kommen nun natürlich noch weitere Buchungen dazu. Wie der Vorgang bei direkten Buchungen in das Girokontobuch abläuft, wurde bereits oben geschildert. Wie jedoch bei Bargeldzahlungen und Zahlungen mit der Kreditkarte zu verfahren ist, zeigen die nächsten Beispiele.

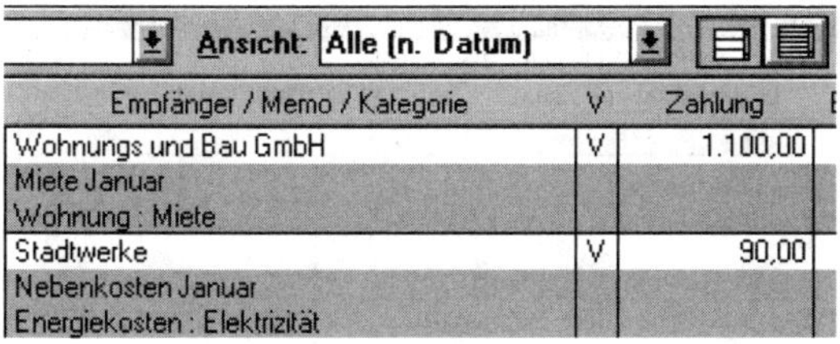

Ansicht: Alle (n. Datum)			
Empfänger / Memo / Kategorie	V	Zahlung	
Wohnungs und Bau GmbH	V	1.100,00	
Miete Januar			
Wohnung : Miete			
Stadtwerke	V	90,00	
Nebenkosten Januar			
Energiekosten : Elektrizität			

Abb. 62:
Alle Buchungen als verrechnet markiert

6.3 Buchungen von Bar- und Kreditkartenzahlungen

Für Einkäufe und andere Haushaltszwecke hat Frau Groß vom gemeinsamen Konto einen Betrag in Höhe von 500,- DM abgehoben. Diesen Vorgang verbucht Herr Groß wie folgt:

Barzahlungen

- Im *Girokonto* trägt er eine Überweisung in Höhe von 500,- DM an das *Bargeldkonto* ein.

Die Kategorie ist *Überweisung* und die Unterkategorie ist *Bargeld*. Der Betrag wird vom Girokonto abgezogen und dem Bargeldkonto dadurch gutgeschrieben. Herr Groß kann sich dies auf dem Bildschirm anzeigen lassen, indem er aus der Funktionsleiste *Konto/mehrere Konten* wählt (siehe Abbildung).

Familie Groß kontrolliert ihre Finanzen

*Abb. 63:
Mehrere Konten auf einen Blick*

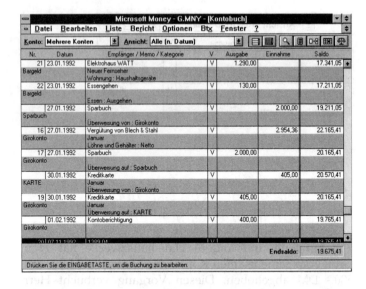

Werden nun Bargeldausgaben getätigt, so trägt Herr Groß diese im Konto *Bargeld* ein. Folgende Ausgaben wurden bei der Familie Groß in den letzten acht Tagen getätigt:

```
- Lebensmittel       114,83 DM
- Benzin              50,00 DM
- Reinigungsmittel    12,90 DM
- Parkgebühren         5,00 DM
- Kleidung            70,80 DM
- Hundefutter          6,90 DM
- Zoobesuch           13,00 DM
- Kino                22,00 DM
- Restaurant          87,50 DM
- Zeitschrift          4,00 DM

Gesamt:              386,93 DM
```

144 Anspruchsvolles Finanzmanagement

Nach dieser Auflistung müßte Familie Groß noch über 386,93 DM an Barvermögen verfügen. Am Anfang seiner Eintragungen nimmt Herr Groß es offensichtlich noch sehr genau. Er erstellt eigene Kategorien für *Reinigungsmittel* und *Zoobesuche*.

Damit er die Haushaltsausgaben so exakt führen kann, müssen natürlich alle Familienmitglieder bei der Aufschlüsselung der Kosten mithelfen.

"Das mag zwar schön und gut sein, so genau Buch zu führen", sagt Frau Groß, "aber wo ist für uns der Nutzen?" Nun es können zwei Vorteile für Familie Groß entstehen:

Vorteile detaillierter Buchführung

1. Beim Lohnsteuerjahresausgleich kann man mit einem Blick Kosten ausfindig machen, die geltend gemacht werden können.
2. Je genauer die Zahlen, desto besser lassen sich zukünftige Entwicklungen erkennen, wie z. B. reicht das Geld für einen schönen Urlaub, oder was passiert, wenn das Auto seinen Geist aufgibt, und andere wichtige, ja sogar existenzielle Fragen.

Der Maßstab sollte immer sein, daß Sie bei jeder Buchung, auch noch in einem Jahr wissen, wofür welches Geld ausgegeben wurde.

Wie Sie sehen, hat Herr Groß bei Lebensmittel keinen Empfänger eingetragen. Bei den Ausgaben für Kleidung dagegen hat er eine solche Eintragung vorgenommen. Dies liegt daran, daß Frau Groß Lebensmittel in verschiedenen Geschäften einkauft, eben immer dort, wo Sonderangebote zu bekommen sind. Bei der Kleidung ist es jedoch so, daß Familie Groß meist im selben Geschäft einkauft.

Weiterhin kann es im Laufe des Jahres noch dazu kommen, daß Einkäufe in diesem Geschäft mit Scheck oder Karte erledigt oder sogar Rechnungen überwiesen werden.

Kreditkarte

In der Zwischenzeit hat Herr Groß regen Gebrauch von seiner Kreditkarte gemacht. Dies macht sich wie folgt bemerkbar:

```
Tanken                    60 DM
Tanken                    64 DM
Geburtstagsgeschenk
  für Karin              145 DM
Toaster                   82 DM
2 CDs                     54 DM
                         _____
                         405 DM
```

Zeitpunkt der Belastung

Da es durch Kreditkartenzahlung erst am Ende des Monats zu einer Belastung kommt, kann Herr Groß die Ausgaben entweder zum Zeitpunkt, da er diese Käufe getätigt hat oder erst zu dem Zeitpunkt, wenn die Belastung des Girokontos erfolgt, in das Kontobuch eintragen. Beides hat Vor- und Nachteile.

Vorteil sofortiger Buchung

Der Vorteil bei der sofortigen Buchung liegt darin, daß Herr Groß die noch ausstehenden Kontobelastungen am Ende des Monats schon berücksichtigen kann. Damit vermeidet er, daß durch Zahlungen mit der Kreditkarte der Überblick verloren geht.

Vorteil der Buchung erst bei Belastung

Für eine Eintragung erst bei Belastung spricht, daß diese hiermit identisch mit dem Zahlungsablauf ist.

Herr Groß entscheidet sich, die Ausgaben mit der Kreditkarte sofort einzutragen. Diese Vorgehensweise muß er ab sofort natürlich konsequent beibehalten, um doppelte Einträge und damit eine Kontoverfälschung zu vermeiden. Er markiert die Einträge deshalb natürlich noch nicht als verbucht.

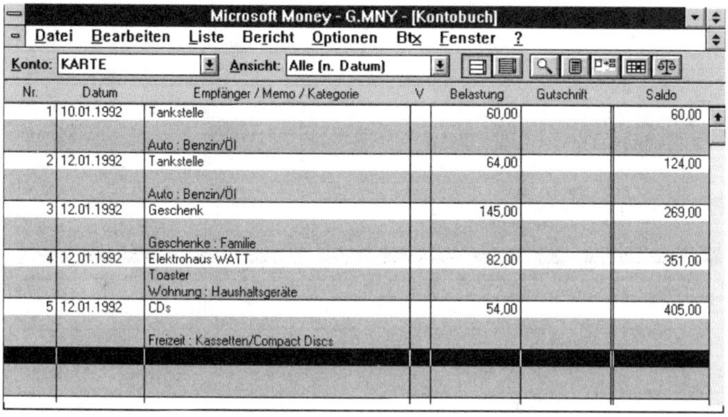
Microsoft Money - G.MNY - [Kontobuch]
Datei Bearbeiten Liste Bericht Optionen Btx Fenster ?
Konto: KARTE
Ansicht: Alle (n. Datum)
Nr. Datum Empfänger / Memo / Kategorie V Belastung Gutschrift Saldo
1 10.01.1992 Tankstelle 60,00 60,00
Auto : Benzin/Öl
2 12.01.1992 Tankstelle 64,00 124,00
Auto : Benzin/Öl
3 12.01.1992 Geschenk 145,00 269,00
Geschenke : Familie
4 12.01.1992 Elektrohaus WATT 82,00 351,00
Toaster
Wohnung : Haushaltsgeräte
5 12.01.1992 CDs 54,00 405,00
Freizeit : Kassetten/Compact Discs

Abb. 64: Das Kreditkartenkonto

Für den Toaster legt er eine neue Unterkategorie mit der Bezeichnung *Haushaltsgeräte* an. Bei der Kategorie *Geschenke* unterscheidet er zwischen Geschenken für die Familie und für Bekannte.

Kommt nun am Ende des Monats die Rechnung für diese Ausgaben, so macht Herr Groß eine Überweisung vom Girokonto auf das Kartenkonto. Somit hat er auf dem Kartenkonto wieder einen Saldo von 0,00 DM.

6.4 Was ist, wenn Belege fehlen: Abstimmen der Konten

Im weiteren Verlauf des Monats kommen weitere Zahlungen und Einzahlungen hinzu.

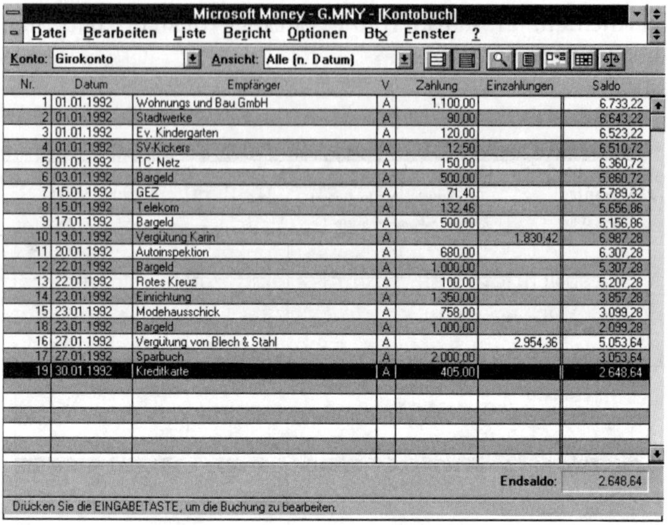

Familie Groß kontrolliert ihre Finanzen

Abb. 65:
Alle Buchungen im Januar

Nr.	Datum	Empfänger	V	Zahlung	Einzahlungen	Saldo
1	01.01.1992	Wohnungs und Bau GmbH	A	1.100,00		6.733,22
2	01.01.1992	Stadtwerke	A	90,00		6.643,22
3	01.01.1992	Ev. Kindergarten	A	120,00		6.523,22
4	01.01.1992	SV-Kickers	A	12,50		6.510,72
5	01.01.1992	TC-Netz	A	150,00		6.360,72
6	03.01.1992	Bargeld	A	500,00		5.860,72
7	15.01.1992	GEZ	A	71,40		5.789,32
8	15.01.1992	Telekom	A	132,46		5.656,86
9	17.01.1992	Bargeld	A	500,00		5.156,86
10	19.01.1992	Vergütung Karin	A		1.830,42	6.987,28
11	20.01.1992	Autoinspektion	A	680,00		6.307,28
12	22.01.1992	Bargeld	A	1.000,00		5.307,28
13	22.01.1992	Rotes Kreuz	A	100,00		5.207,28
14	23.01.1992	Einrichtung	A	1.350,00		3.857,28
15	23.01.1992	Modehausschick	A	758,00		3.099,28
18	23.01.1992	Bargeld	A	1.000,00		2.099,28
16	27.01.1992	Vergütung von Blech & Stahl	A		2.954,36	5.053,64
17	27.01.1992	Sparbuch	A	2.000,00		3.053,64
19	30.01.1992	Kreditkarte	A	405,00		2.648,64

Endsaldo: 2.648,64

Der Saldo zum 31.01. beläuft sich auf 2648,64 DM. Herr Groß möchte natürlich sicher gehen, daß alle seine Einträge korrekt sind. Bei vier Konten läßt sich dies optisch nicht so leicht prüfen.

Konten abstimmen

MS-Money stellt jedoch den Befehl *Konto abstimmen* zur Verfügung. Damit kann Herr Groß überprüfen, ob seine Eingaben richtig sind. Voraussetzung hierfür ist jedoch, daß die Buchungen bereits verrechnet sind.

Herr Groß wählt aus der Menüleiste *Optionen/Konto abstimmen*.

Daraufhin erscheint ein Eingabefenster. Hier gibt Herr Groß das Datum ein, zu dem die Abstimmung erfolgen soll.

Also trägt er den 31. Januar ein. Den Endsaldo und den Anfangssaldo trägt er in die dafür vorgesehenen Eingabefelder ein.

Danach wählt er *Abstimmen*. MS-Money überprüft nun die Einträge im aktiven Konto. Wenn alles korrekt ist, wird als Ergebnis 0 erscheinen.

Ist dies nicht der Fall, so muß Herr Groß überprüfen, ob er alle Vorgänge mit `Strg`+`M` als verrechnet markiert hat. Er kann dieses noch nachholen, indem er mit der Maus die nicht verrechneten Buchungen anklickt. Sind die Einträge korrekt, wählt er *Abstimmen*.

Abb. 66: Fenster für Fehlersuche

Nach dem gleichen Schema geht er bei den anderen Konten vor. Danach haben alle Buchungen den Status A für abgeglichen.

Status A für abgeglichen

Unstimmigkeiten auf dem Konto

Herr Groß muß zu seinem Schreck feststellen, daß 400,- DM nicht zuzuordnen sind.

Er wählt dennoch *Abstimmen*. Daraufhin wird von MS-Money ein Fenster geöffnet, durch das Herr Groß darauf hingewiesen wird, daß auf seinem Konto Unstimmigkeiten aufgetreten sind.

Er hat nun die Möglichkeit,

- entweder sein Konto nochmals abzustimmen,
- mit Hilfe von MS-Money den Fehler suchen lassen,
- den Saldo automatisch berichtigen zu lassen.

Unstimmigkeit automatisch berichtigen

Herr Groß wählt *Automatisch berichtigen*. MS-Money trägt jetzt in das Girokonto von Familie Groß eine Kontoberichtigung in Höhe von 400,- DM auf der Zahlungseite ein.

Diese Unstimmigkeit läßt Herrn Groß keine Ruhe, und so macht er sich in Buchhaltermanier auf, den Fehler aufzuspüren. Nach längerem Suchen und Wälzen von Belegen und Kontoauszügen findet er dann tatsächlich den fehlenden Betrag.

Um die Korrektur am Konto vorzunehmen, geht er in das Girokonto und trägt die entsprechende Kategorie ein.

6.5 Budgetplanung und Vermögensbericht

Jetzt möchte Herr Groß natürlich die Früchte seiner Arbeit sehen. Mit dem Menüpunkt *Bericht* läßt sich dies leicht bewerkstelligen.

Zuerst möchte er wissen, über wieviel Guthaben die Familie verfügt. Dazu wählt er *Bericht/Vermögensbericht*. Er erhält eine Auflistung der Guthaben auf den Konten und den Verbindlichkeiten. Insgesamt verfügt die Familie über ein Guthaben von 19.765,41 DM. Diese Zusammenstellung druckt Herr Groß durch Anklicken der Schaltfläche *Drucken* aus.

Vermögensbericht

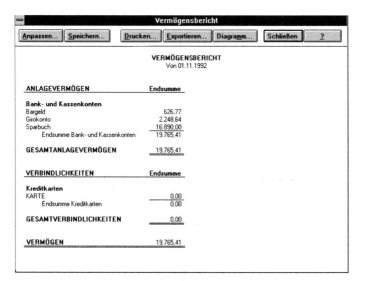

*Abb. 67:
Aufstellung des
Vermögens der Familie
Groß*

Weiterhin interessiert ihn eine Gegenüberstellung der Einnahmen und der Ausgaben. Über *Bericht/Einnahmen und Ausgaben* erhält er eine genaue Gegenüberstellung, die er auch ausdrucken und grafisch darstellen lassen kann.

*Gegenüberstellung der
Einnahmen und
Ausgaben*

Abb. 68:
Einnahmen/
Ausgabenbericht

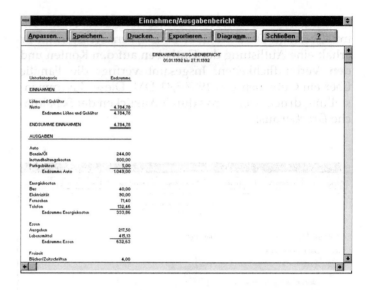

Abb. 69:
Grafische Aufstellung
der Ausgaben im
Januar

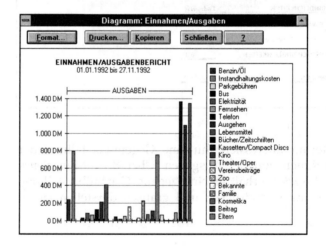

Bei der grafischen Darstellung hat Herr Groß mehrere Optionen zur Verfügung. Im Dialogfenster *Format* legt er fest, welcher Datenbereich verwendet werden soll. Er entscheidet sich dafür, nur die Ausgaben darstellen zu lassen.

Danach wählt er den *Diagrammtyp*. Hier hat er die Auswahl zwischen Balken-, Linien- und Tortengrafik (*Kreis*). Herr Groß entscheidet sich für ein Balkendiagramm.

Beim *Tortentyp* hat Herr Groß nun anzugeben, ob die absoluten oder die prozentualen Werte ausgegeben werden sollen. Er nimmt Prozente und wählt zusätzlich *Muster auf Drucker verwenden*. Damit ist gewährleistet, daß beim Ausdruck die unterschiedlichen Teile der Torte optisch gut zu unterscheiden sind.

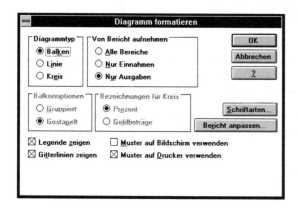

Abb. 70:
Diagramm formatieren

Nachdem Herr Groß nun über so genaue Informationen verfügt, beginnt er ein Budget zu erstellen. Ziel soll es sein, genügend Geld für den bevorstehenden Urlaub anzusparen. Dazu geht Herr Groß folgendermaßen vor:

Budget erstellen

1. Er fügt bei der bereits vorhandenen Kategorie *Urlaub* weitere Unterkategorien hinzu. Im einzelnen handelt es sich hierbei um die Unterkategorien *Fahrtkosten* und *Unterkunft*, *Essen* und *Sonstiges*.

   Dieses Hinzufügen geschieht über die Menüleiste *Liste/Kategorienliste*. Dort klickt Herr Groß im Kategorienfenster unter *Ausgaben* die Kategorie *Urlaub* an und macht seine Eintragungen über die Schaltfläche *Neu* im darunter befindlichen Fenster der Unterkategorienliste

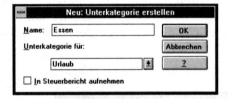

Abb. 71:
Ergänzung der Kategorienliste

2. Anschließend aktiviert Herr Groß die Budgetliste, indem er die Schaltfläche *Budget* anklickt. Dadurch findet ein direkter Wechsel zur Budgetliste statt.

3. In dieser Budgetliste trägt Herr Groß die für den Urlaub vorgesehenen Beträge ein. Geplant sind:

```
Flug:          3.200,- DM
Hotel:         4.200,- DM
Essen:         2.000,- DM
Sonstiges:     1.800,- DM
Summe:        11.200,- DM
```

Er wählt aus der Budgetliste durch Anklicken des Eintrags die Kategorie *Urlaub* aus. Dort aktiviert er die entsprechenden Unterkategorien. Für den Zeitraum wählt er *Jährlich* und trägt dahinter die jeweiligen Beträge ein.

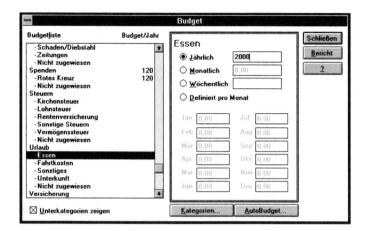

*Abb. 72:
Budget erstellen
für den Urlaub*

4. Danach klickt Herr Groß die Schaltfläche *AutoBudget* an.

Wichtig ist, daß Herr Groß nun im nachfolgenden Fenster die Option *Nur Kategorie ohne Budget* aktiviert hat.

Hinweis

In dem darauf erstellten Budget wählt er *Bericht*. Über *Anpassen* und der Option *detailliert* kann Herr Groß sehen, welcher Betrag monatlich für den Urlaub zurückgelegt werden muß.

Da Herr Groß sich die Arbeit für den nächsten Lohnsteuerjahresausgleich erleichtern möchte und sicher sein will, daß er nichts vergißt, richtet er sich spezielle Kategorien und Unterkategorien ein.

Lohnsteuerjahresausgleich erleichtern

Abb. 73:
Budgetlistenbericht

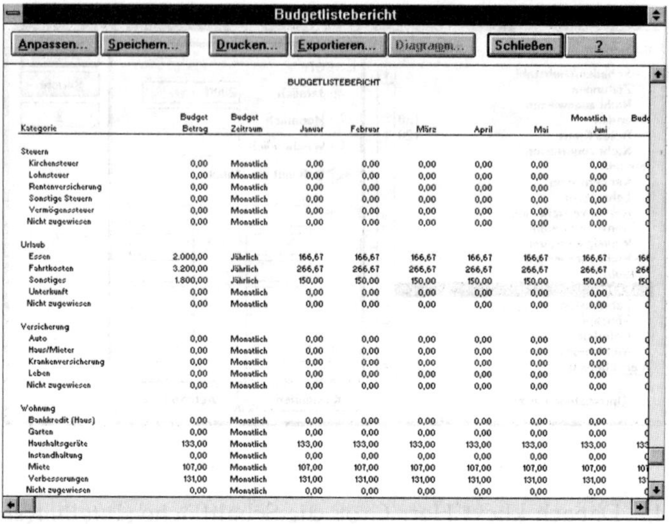

Kategorie	Budget Betrag	Budget Zeitraum	Januar	Februar	März	April	Mai	Monatlich Juni	Bud
Steuern									
Kirchensteuer	0,00	Monatlich	0,00	0,00	0,00	0,00	0,00	0,00	
Lohnsteuer	0,00	Monatlich	0,00	0,00	0,00	0,00	0,00	0,00	
Rentenversicherung	0,00	Monatlich	0,00	0,00	0,00	0,00	0,00	0,00	
Sonstige Steuern	0,00	Monatlich	0,00	0,00	0,00	0,00	0,00	0,00	
Vermögenssteuer	0,00	Monatlich	0,00	0,00	0,00	0,00	0,00	0,00	
Nicht zugewiesen	0,00	Monatlich	0,00	0,00	0,00	0,00	0,00	0,00	
Urlaub									
Essen	2.000,00	Jährlich	166,67	166,67	166,67	166,67	166,67	166,67	16
Fahrtkosten	3.200,00	Jährlich	266,67	266,67	266,67	266,67	266,67	266,67	26
Sonstiges	1.800,00	Jährlich	150,00	150,00	150,00	150,00	150,00	150,00	15
Unterkunft	0,00	Monatlich	0,00	0,00	0,00	0,00	0,00	0,00	
Nicht zugewiesen	0,00	Monatlich	0,00	0,00	0,00	0,00	0,00	0,00	
Versicherung									
Auto	0,00	Monatlich	0,00	0,00	0,00	0,00	0,00	0,00	
Haus/Mieter	0,00	Monatlich	0,00	0,00	0,00	0,00	0,00	0,00	
Krankenversicherung	0,00	Monatlich	0,00	0,00	0,00	0,00	0,00	0,00	
Leben	0,00	Monatlich	0,00	0,00	0,00	0,00	0,00	0,00	
Nicht zugewiesen	0,00	Monatlich	0,00	0,00	0,00	0,00	0,00	0,00	
Wohnung									
Bankkredit (Haus)	0,00	Monatlich	0,00	0,00	0,00	0,00	0,00	0,00	
Garten	0,00	Monatlich	0,00	0,00	0,00	0,00	0,00	0,00	
Haushaltsgeräte	133,00	Monatlich	133,00	133,00	133,00	133,00	133,00	133,00	13
Instandhaltung	0,00	Monatlich	0,00	0,00	0,00	0,00	0,00	0,00	
Miete	107,00	Monatlich	107,00	107,00	107,00	107,00	107,00	107,00	10
Verbesserungen	131,00	Monatlich	131,00	131,00	131,00	131,00	131,00	131,00	13
Nicht zugewiesen	0,00	Monatlich	0,00	0,00	0,00	0,00	0,00	0,00	

Werbungskosten

So definiert er sich in der Kategorie *Wohnung* eine Unterkategorie *Arbeitszimmer*. Alle Ausgaben, die nun in diesen Bereich fallen, werden natürlich als Ausgabe für den Bereich *Wohnung* verbucht. Jedoch kann Herr Groß auf diesem Wege am Ende des Jahres sehr einfach die Kosten feststellen, die er als *Werbungs- und Arbeitsmittelkosten* absetzen kann.

Genauso verfährt er mit der Kategorie *Auto*, wo er eine Unterkategorie für die Bereiche anlegt, die steuerlich absetzbar sind.

Nach all diesen Aktivitäten sind die familiären Finanzen für Herrn Groß jetzt wesentlich leichter zu überschauen. Er denkt, daß sich die Anschaffung von MS-Money auf jeden Fall gelohnt hat.

7. Grundlagen III: Fortgeschrittene Möglichkeiten

Wenn Sie die Programmoberfläche von MS-Money genauer betrachten, sehen Sie, daß sich am unteren Rand des Fensters drei Symbole befinden. Hierbei handelt es sich um die Programmteile *Vordrucke, Zukünftige Zahlungen* und *Kreditbuch*. Diese Features von MS-Money sollen in diesem Kapitel eingehend besprochen werden.

Abb. 74:
Die drei Symbole:
Vordrucke, Zukünftige
Zahlungen und
Kreditbuch

Um mit dem Symbol *Kreditbuch* arbeiten zu können, müssen Sie zuvor einen Kredit eingerichtet haben. Wie Sie einen Kredit einrichten und komfortabel verwalten können, erfahren Sie ebenfalls in diesem Abschnitt.

In den vorangegangenen Praxisbeispielen wurden von den Handelnden bereits eine Anzahl von Berichten erstellt. Hierbei handelte es sich um Berichte für den "Hausgebrauch".

Für geschäftliche Zwecke geeignet

MS-Money ist jedoch auch im geschäftlichen Bereich einsetzbar, so daß für diese Zwecke ebenfalls Möglichkeiten der Berichtserstellung angeboten werden. Um welche Berichtsarten es sich dabei handelt, und wie Sie damit umzugehen haben, erfahren Sie ebenfalls in diesem Abschnitt.

7.1 Arbeiten mit Vordrucken

Bisher wurde Ihnen lediglich die Möglichkeit des Buchens innerhalb eines Kontobuchs vorgestellt. Bei der Arbeit mit *Vordrucken* können Sie nun aber auch so arbeiten, als würden Sie einen Scheck ausstellen oder eine Überweisung ausfüllen.

Alle Eingaben, die Sie in *Vordrucken* machen, wirken sich sofort in dem entsprechenden Konto aus. Hier liegt eine gefährliche Fehlerquelle.

Hinweis

Angenommen, Sie haben zwei Konten eingerichtet, nämlich ein *Bargeldkonto* und ein *Girokonto*, und wollen nun eine Buchung auf dem Bargeldkonto durchführen. Momentan haben Sie aber das Girokontobuch geöffnet. Jede Buchung, die Sie nun eingeben, wirkt sich auf das geöffnete Konto aus, ohne daß Sie eine Rückmeldung seitens des Programms erhalten.

Um nun diese Fehlerquelle auszuschalten, ist es empfehlenswert, vor der Arbeit mit den *Vordrucken* in der Listbox *Konto* die Option *Alle Konten* auszuwählen. In diesem Fall wird im *Vordruck* ein spezielles Feld *Konto* angezeigt, in dem Sie explizit angeben müssen, in welchem Konto sich Ihre Buchung auswirken soll.

Um nun die *Vordrucke* zu aktivieren, können Sie auf zweierlei Weise vorgehen:

Vordrucke aktivieren

- Die schnellste Methode besteht mit Sicherheit darin, daß Sie das Symbol für diesen Programmteil doppelt anklicken. Daraufhin öffnet sich das Programmfenster.

- Die andere Methode besteht darin, die Vordrucke über die Befehlsfolge *Fenster/Vordrucke* in der Menüleiste zu aktivieren.

Haben Sie eine der beiden Möglichkeiten gewählt, so erscheint das folgende Fenster.

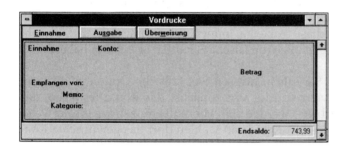

Abb. 75: Das Fenster Vordrucke

Unterhalb der Titelleiste befindet sich ein Bereich mit drei Schaltflächen. Hier können Sie den Modus bzw. den Typ der Buchung auswählen. Handelt es sich um eine *Einnahme*, eine *Ausgabe* oder eine *Überweisung*?

Da die Schaltfläche *Einnahme* an der ersten Stelle angeordnet ist, geht MS-Money standardmäßig von diesem Modus aus, es sei denn, Sie wählen einen anderen Modus aus.

Einnahmen

Durch Betätigen der `Enter`-Taste können Sie nun mit Ihren Eingaben beginnen.

Abb. 76:
Verbuchen von
Einnahmen

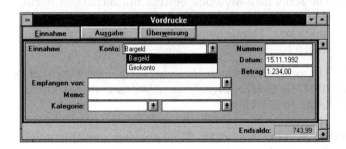

Am linken oberen Rand zeigt Ihnen MS-Money nun den ausgewählten Modus an. Sie sollten sich mit einem Blick auf diese Anzeige immer vergewissern, daß Sie nicht versehentlich die falsche Schaltfläche betätigt haben.

Wie Sie sehen, müssen Sie, falls die Option *Alle Konten* aktiviert wurde, nun zunächst das Konto festlegen, das bearbeitet werden soll. Hierzu benutzen Sie idealerweise die Listbox *Konto* und wählen dort das gewünschte Konto aus.

Auf der rechten Seite ist die laufende *Nummer* der Buchung sowie der *Betrag* einzugeben. Das Datum hat MS-Money bereits mit dem aktuellen Datum vorbesetzt, was jedoch nicht bedeutet, daß Sie es nicht mehr verändern könnten.

Hinweis

Bei der laufenden Nummer der Buchung müssen Sie darauf achten, daß diese Zahl nicht bereits im Kontobuch verwendet wurde. Ist dies der Fall, weist MS-Money Sie darauf hin, daß die entsprechende Nummer bereits Verwendung findet, und ob Sie diese Nummer löschen wollen. Hier sollten Sie auf jeden Fall abbrechen und eine andere gültige Nummer wählen.

Im unteren Teil des Fensters befinden sich die Eingabefelder *Erhalten von*, *Memo* sowie die *Kategorie* mit der dazugehörigen *Unterkategorie*. Hier gehen Sie genauso vor, wie Sie es aus der Arbeit im Kontobuch gewohnt sind.

Die Arbeit mit *Ausgaben* gestaltet sich in der gleichen Weise. Am Aussehen des Vordrucks haben sich nur zwei Dinge geändert:

Ausgaben

- Links oben erscheint nun anstelle von *Einnahme* der Text *Ausgabe*.
- Aus dem Eingabefeld *Erhalten von* wird das Eingabefeld *Bezahlt an*.

Wesentlich anders gestaltet sich das Bild, wenn Sie die Schaltfläche *Überweisung* aktivieren. Dieser Modus dient dazu, Geldtransfers zwischen den von Ihnen definierten Konten zu verbuchen.

Überweisung

Sie erinnern sich sicherlich noch an das Praxisbeispiel mit der Studentin Klug. Sie mußte bei einer Abhebung vom Girokonto für Lebenshaltungszwecke zwei Buchungen vornehmen. Zum einen den Geldabgang auf ihrem Girokonto und zum anderen den Zugang auf ihrem Bargeldkonto. Dies geschah lediglich deshalb, weil sie es nicht besser wußte.

Hinweis

Wesentlich geschickter ging Herr Groß an diese Sache. Er wählte nämlich bereits bei der Arbeit im Kontobuch bei Kategorie die Option *Überweisung* aus. Mittels dieser Auswahl konnte er als Empfänger einer Buchung ein anderes von ihm definiertes Konto angeben.

Diese Vorgehensweise hat zwei Vorteile:

1. Es ist nur eine Buchung anstelle von zwei Buchungen erforderlich.
2. Die Fehlerrate wird reduziert, da eine Buchung sich gleichzeitig auf zwei Konten auswirkt und in beiden Konten mit Sicherheit der gleiche Betrag verbucht wird.

Die Auswahl von *Überweisung* in *Vordrucke* entspricht genau der Vorgehensweise von Herrn Groß im seinem Kontobuch. Bei der entsprechenden Auswahl wird das Fenster das folgende Aussehen erhalten.

Abb. 77:
Geldtransfers zwischen Konten

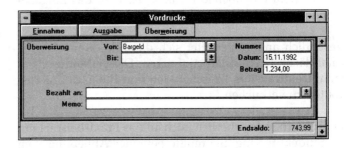

*Ausgangs-
und Zielkonto*

Sie müssen bei *Von* das Ausgangskonto angeben, d. h. das Konto, von dem das Geld kommt. Bei *Bis* bestimmen Sie das Zielkonto, d. h. das Konto, wohin das Geld überwiesen wird.

Ansonsten entspricht die Vorgehensweise genau der im Kontobuch. Nach der letzten Eingabe im Modul *Vordrucke* betätigen Sie einfach die `Enter`-Taste. Der bekannte Signalton weist Sie nun darauf hin, daß Ihre Buchung in das Konto/die Konten übernommen wurde.

Wollen Sie die Arbeit mit den *Vordrucken* beenden, so können Sie dies durch Doppelklicken auf die System-Schaltfläche oder einfaches Klicken auf die Symbol-Schaltfläche im oberen Fensterrahmen tun. Das Symbol *Vordrucke* erscheint danach wieder im unteren Bereich des Programmfensters.

7.2 Zukünftige Zahlungen - Nie wieder eine Rechnung vergessen!

Ist es Ihnen schon einmal passiert, daß Sie die Bezahlung einer Rechnung schlicht und einfach vergessen haben und daraufhin eine Zahlungserinnerung oder gar eine Mahnung im Briefkasten hatten?

Solche Vorgänge sind bestenfalls ärgerlich und aber im schlimmsten Fall mit unnötigen Kosten verbunden.

Nachdem Sie sich nun für eine Finanzplanung mit MS-Money entschieden haben, ist es nur folgerichtig, daß Ihnen das Programm ein Instrument zur Verfügung stellt, mit dem Sie Ihre Rechnungen verwalten können.

Für den professionellen Bereich kann man dieses Instrument auch zur Verwaltung von Forderungen benutzen, d. h., es entgeht Ihnen nicht mehr, wenn ein Kunde eine von Ihnen ausgestellte Rechnung nicht oder verspätet bezahlt.

Auch zur Verwaltung von Forderungen

Mit der Gewißheit im Rücken, die Bezahlung einer Rechnung nicht mehr vergessen zu können, haben Sie auch die Möglichkeit, Geld zu sparen.

Grundlagen III: Fortgeschrittene Möglichkeiten

•‹‹ Tip

Wollen Sie beispielsweise bei einer Rechnung auf die Möglichkeit eines Skontoabzugs verzichten, so können Sie dank MS-Money das Zahlungsziel auf den letzten Tag ausdehnen, um auf diese Art und Weise Ihr Geld in der Zwischenzeit anders einzusetzen.

Verwaltung ständig wiederkehrender Ausgaben und Einnahmen

Einzusetzen sind die *Zukünftigen Zahlungen* aber auch bei der Verwaltung von ständig wiederkehrenden Ausgaben und Einnahmen. Auf diese Weise müssen Sie die Buchungen nicht mehr per Hand eingeben, sondern können dies, unter Ihrer Kontrolle selbstverständlich, von MS-Money erledigen lassen.

Im Kapitel 9 "Home-Banking mit Btx" können Sie sich über die bereits geschilderten Möglichkeiten hinaus anschauen, wie Sie *Btx* und *Zukünftige Zahlungen* verbinden können, also anstehende Rechnungen per Btx bezahlen. Damit ersparen Sie sich unter anderem die Kosten für Daueraufträge.

Voreinstellungen

Um nun effektiv mit den *Zukünftigen Zahlungen* arbeiten zu können, sind zunächst bestimmte Voreinstellungen zu tätigen. Hierzu müssen Sie über das Menü mit der Befehlsfolge *Optionen/Einstellungen* in Ihre Vorgaben zu MS-Money wechseln.

In diesem Fenster müssen Sie darauf achten, daß die Einstellungen für *Zukünftige Zahlungen* korrekt gemacht sind. Zunächst muß unter dem Menüpunkt *Optionen/Einstellungen* die Option *Erinnern an fällige Transaktionen* aktiviert sein. Dies ist eine Standardvorgabe von MS-Money.

Erinnern an fällige Zahlungen

Damit MS-Money Ihnen mitteilen kann, daß eine Transaktion fällig ist, müssen Sie weiterhin angeben, in welchem Zeitraum vor der Fälligkeit der Rechnung MS-Money Sie auf diesen Umstand aufmerksam machen soll.

Hier müssen Sie eine Zahl eingeben, die den Stichtag für die Erinnerung darstellt (Zahlungstermin - Eingegebene Zahl = Erster Warntermin). Die Standardeinstellung von MS-Money legt als Termin fünf Tage vor dem Fälligkeitsdatum fest.

Sie können über zwei Vorgehensweisen in das Fenster für *Zukünftige Zahlungen* wechseln:

1. Doppeltes Anklicken des entsprechenden Symbols im unteren Fensterbereich.
2. Auswahl der Befehlsfolge *Fenster/Zukünftige Zahlungen* auf der Menüleiste.

Unabhängig von Ihrer Vorgehensweise erscheint nach der Auswahl das folgende Fenster.

Zukünftige Zahlungen					
Datum	Häufigk.	Nr.	Empfänger	Zahlung	Einzahlungen

Abb. 78:
Das Eingabefenster für zukünftige Zahlungen

Durch das Betätigen der [Enter]-Taste können Sie mit den Eintragungen für zukünftige Zahlungen beginnen.

Beginn der Eintragungen: Datum der Fälligkeit	Zunächst müssen Sie das *Datum der Fälligkeit* eingeben. MS-Money schlägt zwar an dieser Stelle ein Datum vor, doch handelt es sich hierbei immer um das aktuelle Datum, das ja nicht zwingenderweise das Fälligkeitsdatum ist.
	Wollen Sie beispielsweise Ihre Miete eintragen, und die Miete sei immer zum 1. eines Monats fällig, so geben Sie hier den 1. des Folgemonats als Datum ein.
Frequenz der Zahlungen	Die nächste Eingabemöglichkeit betrifft die *Frequenz der Zahlungen*. Hier können Sie aus einer Listbox unter den Optionen *Täglich, Wöchentlich, Zweiwöchentlich, Halbmonatlich, Monatlich, Zweimonatlich, Vierteljährlich, Halbjährlich, Jährlich, Alle zwei Jahre* und *Einmalig* auswählen.
Hinweis	Die Definition von eigenen Fälligkeiten ist in diesem Modul nicht möglich.
Laufende Nummer	Als nächstes besteht die Möglichkeit, eine *laufende Nummer* für die anstehenden Zahlungen einzugeben. Diese Möglichkeit entspricht jedoch nicht der Vergabe von Nummern im Kontobuch.
Achtung	Wenn Sie mit Btx arbeiten wollen, können Sie in dieses Feld den Text *Btx* eingeben. Danach wird diese Überweisung per Btx getätigt. In jedem anderen Fall müssen Sie das Feld leer lassen. Nummern im bisher gekannten Stil können Sie für diese Eintragungen erst dann vergeben, wenn sie ins Kontobuch eingetragen werden.
Empfänger	Das nächste Eingabefeld betrifft den *Empfänger* der Zahlung. Hier können Sie aus der Listbox unter den bereits von Ihnen definierten Empfängern auswählen. Selbstverständlich besteht auch hier die Möglichkeit, neue Emp-

fänger zu definieren. Dies geschieht, genauso wie im
Kontobuch, durch Eintragen des neuen Namens.

Die letzte Eingabe legt fest, ob es sich um eine *Zahlung*
oder um eine *Einzahlung* handelt. Sie bestimmen dies, indem Sie den entsprechenden Betrag in der gewünschten Spalte eintragen.

Einnahme oder Ausgabe

Nachdem Sie diese Eingabe mit ⌈Enter⌋ bestätigt haben, ertönt der Signalton, und der Cursor befindet sich in der nächsten Zeile.

Sie haben nun die Möglichkeit, weitere Einträge vorzunehmen oder die Bearbeitung durch die Betätigung der ⌈Esc⌋-Taste abzubrechen.

Im zweiten Fall besteht nun auch kein Bedarf mehr für die Anzeige des Fensters. Sie können es also auf die bereits bekannte Weise schließen.

Es besteht kein Grund zur Besorgnis, daß die bis zu diesem Zeitpunkt vorgenommenen Eintragungen durch das Schließen des Fensters verloren gehen. Durch den Signalton teilte MS-Money Ihnen bereits mit, daß die entsprechende Eingabe in die Datei geschrieben wurde und damit gespeichert ist.

Nun kann es ja wohl nicht damit getan sein, einfach nur diese Eintragungen vorzunehmen. Irgend etwas muß doch daraufhin passieren.

Und es passiert auch etwas. Zwar nicht gleich, doch eines schönen Tages werden Sie nach dem Starten von MS-Money das folgende Fenster sehen. Hier teilt Ihnen MS-Money, daß innerhalb der von Ihnen festgelegten Frist Zahlungen fällig werden.

Die Zahlungserinnerung

Buchung vornehmen

Innerhalb dieses Fensters können Sie festlegen, ob Sie die entsprechenden Buchungen gleich in Ihr Kontobuch übernehmen wollen oder ob Sie dies später mit der Befehlsfolge *Optionen/ Rechnungen zahlen* aus der Menüleiste selbst veranlassen wollen.

Es bleibt nun Ihnen überlassen, welche der beiden Möglichkeiten Sie wahrnehmen, doch irgendwann müssen Sie die Eintragungen vornehmen, sonst war die ganze Arbeit mit den zukünftigen Zahlungen umsonst.

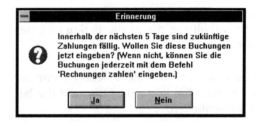

Abb. 79:
Erinnerung an
zukünftige Zahlungen

Unabhängig davon, für welche Vorgehensweise Sie sich entschließen, erscheint bei der Verarbeitung von fälligen Zahlungen das folgende Fenster.

Abb. 80:
Speichern der fälligen
Zahlungen

Hierbei geht es laut Titel des Fensters um das Speichern aller zukünftigen Zahlungen bis zu einem angegebenen Termin. Damit ist folgendes gemeint:

Grundlagen III: Fortgeschrittene Möglichkeiten

- MS-Money erinnert Sie, wie gewünscht, x Tage vor einem Zahlungstermin an die Fälligkeit.

- Sie können nun alle diesbezüglichen Buchungen vornehmen lassen, worauf MS-Money die Fälligkeiten aufhebt oder besser gesagt auf den nächsten angegebenen Termin setzt. Nach der Buchung haben Sie dann also Ruhe, vorausgesetzt, Sie buchen nicht nur, sondern bezahlen auf irgendeine Weise auch die Rechnung. Außer durch die Verwendung von Btx kann MS-Money dies nämlich nicht von sich aus erledigen. In diesem Fall hat MS-Money lediglich eine Erinnerungsfunktion.

Speichern aller zukünftigen Zahlungen

Haben Sie nun die Schaltfläche OK betätigt, so erscheint ein Fenster, in dem Sie nun festlegen können, ob fällige Zahlungen verbucht, auf einen anderen Termin vertagt oder erst beim nächsten Fälligkeitstermin wieder angezeigt werden sollen.

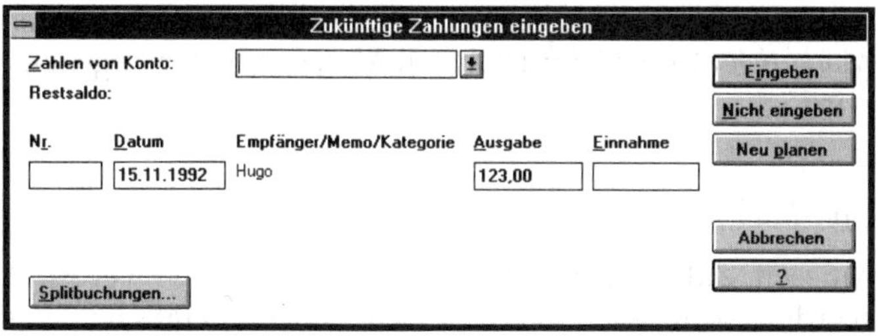

*Abb. 81:
Eingabe von
fälligen Zahlungen*

In der Mitte des Fensters wird Ihnen nun die erste Zahlung angezeigt, die demnächst fällig ist. Bevor Sie nun aber mit irgendwelchen Eingaben beginnen, sollten Sie wissen, was die innerhalb des Fensters angebrachten Schaltflächen zu bedeuten haben.

Eingeben

Durch die Betätigung dieser Schaltfläche bewirken Sie, daß die entsprechende Buchung in das gewünschte Kontobuch eingetragen wird. Bevor Sie diese Schaltfläche wählen, müssen Sie jedoch die Eingabefelder im Fenster vollständig ausfüllen.

Nicht eingeben

Wählen Sie diese Schaltfläche aus, so erreichen Sie, daß MS-Money zur nächsten fälligen Zahlung übergeht, die aktuelle Zahlung also ignoriert. Dies jedoch nur solange, bis Sie MS-Money das nächste Mal starten oder bis zur nächsten Auswahl des Befehls *Rechnungen zahlen*.

Neu planen

Über diese Schaltfläche teilen Sie MS-Money mit, daß Sie diese Zahlungen nicht zum nächsten Termin erledigen möchten. Damit erreichen Sie, daß Ihnen dieser Eintrag erst wieder bei der nächsten Fälligkeit (bei der Frequenz *Monatlich* also erst im nächsten Monat) wieder angezeigt wird.

Splitbuchungen

Müssen Zahlungen auf verschiedene Konten verbucht werden, so müssen Sie diese Schaltfläche betätigen. Was nun aber Splitbuchungen sind, soll erst in einem späteren Abschnitt dieses Buches erklärt werden. Lassen Sie also diese Option zunächst beiseite. Bei Bedarf können Sie zu einem späteren Zeitpunkt wieder darauf zurückkommen.

Abbrechen und ?
Zu den beiden restlichen Schaltflächen *Abbrechen* und *?* sind wohl keine Erläuterungen erforderlich, d. h., sie sind Ihnen aus den anderen bisher beschriebenen Fenstern ja sicher wohlbekannt.

Zunächst muß das Konto festgelegt werden, von dem aus die Zahlung erfolgt bzw. wohin eine Zahlung fließt.

Unterhalb dieses Eingabefeldes zeigt MS-Money den Restsaldo des betreffenden Kontos an. Sie können also immer genau sehen, ob sich auf dem Konto, von dem Sie eine Zahlung leisten wollen, auch genug Geld befindet.

Die Eingabe einer laufenden Nummer ist optional. Aus Gründen der Übersichtlichkeit ist eine Eingabe aber jedenfalls zu empfehlen.

Achten Sie hier bitte darauf, daß Sie keine Zahl verwenden, die bereits im Kontobuch in Gebrauch ist. MS-Money würde Sie in diesem Fall auf das doppelte Vorhandensein der Nummer aufmerksam machen und Sie auffordern, eine andere Zahl zu wählen.

Durch Anklicken der Schaltfläche *Eingeben* veranlassen Sie MS-Money, die Buchung in das Kontobuch des ausgewählten Kontobuchs einzutragen. Der Signalton, der dabei ertönt ist für Sie die Gewähr, daß dies auch geschehen ist.

Danach wird der Kontostand aktualisiert, und die nächste anstehende Zahlung wird angezeigt. Verfahren Sie hierbei wie eben beschrieben. Sobald die letzte fällige Zahlung auf eine der oben beschriebenen Methoden erledigt wurde, schließt sich das Fenster, und Sie befinden sich wieder im Fenster *Zukünftige Zahlungen*.

Grundlagen III: Fortgeschrittene Möglichkeiten

Dort werden Sie feststellen, daß MS-Money die Fälligkeit der dort eingetragenen Zahlungen um die Dauer einer Frequenz (*Monatlich* = *Einen Monat später*) erhöht hat. Einmalige Zahlungen wurden gleichzeitig aus der Liste entfernt, d. h., sie werden Ihnen selbstredend zu einem späteren Termin nicht mehr angezeigt (vorausgesetzt, Sie haben die Option *Eingeben* gewählt).

7.3 Kredite aufnehmen und verwalten: Mit Money kein Problem!

Nachdem Sie in einem vorgehenden Kapitel bereits mit dem *Kreditrechner* von MS-Money Bekanntschaft gemacht haben, können Sie nun daran gehen, den Kredit zu definieren, der sich als der günstigste erwiesen hat.

Abb. 82:
Die Kreditliste von
MS-Money

MS-Money hilft Ihnen bei der Einrichtung und der Verwaltung, sprich Rückzahlung des Kredits. Bei der tatsächlichen Rückzahlung kann Ihnen MS-Money allerdings selbstverständlich nicht behilflich sein.

Einen neuen Kredit einrichten können Sie über die Befehlsfolge *Liste/Kreditliste* aus der Menüleiste.

Neuen Kredit einrichten

Da Sie einen neuen Kredit erstellen wollen, betätigen Sie hier die Schaltfläche *Erstellen*. Damit erstellen Sie nicht nur einen neuen Kredit, sondern Sie aktivieren auch ein Hilfsprogramm, das Sie Schritt für Schritt durch die Erstellung des Kredits führt. Sie können auf diese Weise absolut nichts falsch machen.

Abb. 83: Hilfsprogramm zum Erstellen von Krediten

Sie bedienen dieses Programm genauso wie einen Video- oder einen Kassettenrecorder.

Sind Sie mit einer Eingabe fertig, so betätigen Sie die Schaltfläche *Nächste*. Sind Sie sich bei einer Sache unsicher und wollen Sie sich den vorhergehenden Bildschirm nochmals anschauen, so können Sie dies mit der Schaltfläche *Zurück* bewerkstelligen. Um bei der Krediterstellung nochmals ganz von vorne zu beginnen, wählen Sie die Schaltfläche *Von vorne*.

Mit *Abbrechen* können Sie die Krediterstellung zu jedem Zeitpunkt abbrechen und mit *?* erhalten Sie zu jeder Frage bezüglich des Kredits die richtige Antwort.

Das Hilfsprogramm   Das Hilfsprogramm ist in drei Teile gegliedert:

1. Allgemeine Informationen
2. Kredit berechnen
3. Zahlungen verwalten

Allgemeine Informationen

- Nachdem Sie mittels der Schaltfläche *Nächste* das Eingangsfenster verlassen haben, gelangen Sie in ein Fenster, in dem Sie die Art des Kredits festlegen müssen, d. h. *leihen* oder *verleihen* Sie das Geld?

- Im nächsten Fenster werden Sie gefragt, auf welcher Basis die Zinsen berechnet werden. Zur Auswahl stehen hier die Optionen *Auf Basis der Fälligkeit der Zahlung* (z. B. bei Hypothekenkrediten), also wenn die Zinsen von vornherein feststehen und *Auf Basis des Zahlungseingangs* (z. B. bei Überziehungskrediten), wo die Zinsen monatlich oder quartalsweise nach der Höhe der Schulden berechnet werden.

- Bevor Sie in das nächste Fenster wechseln müssen Sie sich für eine der beiden Varianten entscheiden. Sollten Sie die Grundlage der Zinsberechnung für Ihren Kredit nicht kennen, so empfiehlt Ihnen MS-Money die erste Möglichkeit.

- Im nächsten Fenster können Sie für den Kredit einen *Namen* vergeben. Dies ist unbedingt erforderlich, damit MS-Money Ihren Kredit verwalten und von eventuell anderen bestehenden Krediten unterscheiden kann.

- Weiterhin müssen Sie in diesem Fenster den Empfänger der Zahlungen festlegen. Haben Sie beim Modus des Kredits *Verleihen* festgelegt, so erscheint hier die Aufforderung, den Namen dessen einzugeben, der die Zahlungen zu leisten hat.

- Im nächsten Fenster müssen Sie MS-Money mitteilen, ob für diesen Kredit bereits Zahlungen erfolgt sind oder ob nicht. Sind bereits Zahlungen erfolgt, so erscheint im nächsten Fenster die Abfrage, ob Sie die *Zahlungen ab Anfang des laufenden Jahres* oder *ab dem Kreditbeginn* verwalten wollen.

- Falls Sie noch keine Zahlungen geleistet haben, so betrifft die letzte Eingabe in diesem Abschnitt die *Fälligkeit der ersten Rate* für den Kredit. Dies ist erforderlich, weil MS-Money aus diesen und den folgenden Einträgen eine zukünftige Zahlung definiert.

- Nach dieser Angabe gelangen Sie in das Eingangsfenster zurück, wo jetzt der zweite Abschnitt aktiviert ist.

Kredit berechnen

- Im ersten Fenster dieses Abschnitts müssen Sie die *Kreditsumme* eingeben.

- Danach folgt die Eingabe des *Zinssatzes*.

- Im nächsten Fenster ist die *Zahlungsfrequenz* für die Rückzahlungen festzulegen, d. h. monatlich oder vierteljährlich usw.

Grundlagen III: Fortgeschrittene Möglichkeiten

- Wichtig für das Anlegen einer Kreditverwaltung ist selbstverständlich auch die Angabe über die *Laufzeit des Darlehens*. Diese Angabe kann in *Monaten, Jahren* oder *Zahlungen* angegeben werden.
- Im nächsten Fenster ist die *Gesamtsumme von Zins plus Tilgung* einzugeben.
- Die letzte Angabe, die MS-Money zu Ihrem Kredit braucht, betrifft die *Restzahlung* am Ende des Kredits.
- Sie müssen nicht alle Felder ausfüllen, d. h., Sie können auch ein Eingabefeld freilassen. In diesem Fall aktiviert MS-Money im Hintergrund den *Kreditrechner* und berechnet den Eintrag für das freigelassene Feld selbständig.

Abb. 84:
Überblick über die Kreditangaben

- Zum Abschluß dieses Abschnitts zeigt Ihnen MS-Money eine Zusammenfassung über die Angaben, die Sie bisher zum Kredit gemacht haben.

- Nachdem Sie die Schaltfläche *Nächste* betätigt haben, gelangen Sie wiederum in das Ausgangsfenster, wo jetzt der dritte Punkt aktiviert ist.

Zahlungen verwalten

- Im ersten Fenster müssen Sie *Zinsen* und *Tilgung* jeweils einer Kategorie zuweisen. Wahlweise können Sie jeder Kategorie auch noch eine Unterkategorie zuweisen. Existieren die Kategorien, die Sie zuweisen, noch nicht, so können Sie die Definition einfach durch Eingabe der Bezeichnung festlegen.

- Im nächsten Fenster können Sie angeben, ob zur Kreditsumme noch sogenannte *Sonstige Kosten* kommen. Diese Kosten werden zu Ihrer monatlichen Belastung addiert. Es handelt sich also nicht um Bearbeitungsgebühren, die ja nur einmal anfallen. Ein Beispiel für sonstige Kosten könnte eine Lebensversicherung als Sicherheit für den Kredit sein.

- Gibt es solche Kosten, so betätigen Sie einfach die entsprechende Schaltfläche. Daraufhin erscheint das folgende Fenster, in dem Sie die entsprechenden Eingaben vornehmen können.

- Haben Sie alle Eingaben gemacht, so kommen Sie über die Schaltfläche *Fertig* wieder in das vorherige Fenster.

- Im Anschluß an dieses Fenster können Sie festlegen, daß MS-Money Sie immer an die Fälligkeit der nächsten Zahlung erinnert. Andererseits können Sie aber auch festlegen, daß MS-Money eben dies nicht tut, obwohl dies sicherlich nicht sinnvoll wäre.

Grundlagen III: Fortgeschrittene Möglichkeiten

- Ganz zum Abschluß der Krediterstellung erscheint ein Fenster mit nunmehr allen Angaben, die Sie zum Kredit gemacht haben. Sie sollten sich diese Angaben nochmals in Ruhe durchsehen und im Falle einer Falschangabe zu dem Punkt zurückgehen, wo die entsprechende Angabe abgefragt wird.

Abb. 85:
Eingabe von sonstigen Kreditkosten

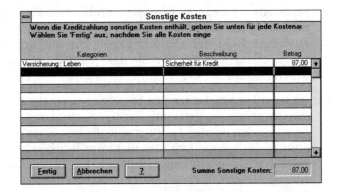

- Sind dagegen alle Angaben in Ordnung, so können Sie über die Schaltfläche *Erstellen* den Kredit endgültig definieren.

Kredit nun eingerichtet

Nach einer Zwischenmeldung, daß Ihr Kredit nunmehr eingerichtet sei, gelangen Sie zurück in die Kreditliste. Hier können Sie nun weiterführende Angaben zum Kredit machen, wie z. B. eine Abkürzung für den Kredit, die Nummer des Kreditkontos bei der Bank sowie die Hinzufügung eines Kommentars.

Änderungen der Kreditangaben

In der Kreditliste können Sie über die Schaltfläche *Kreditinformationen ändern* während der Laufzeit des Kredits auch Änderungen an den Angaben vornehmen.

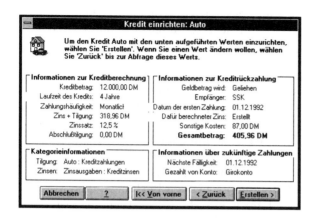

Abb. 86: Zusammenfassung aller Kreditangaben

Dies kann vorkommen, wenn sich der Zinssatz geändert hat oder wenn Sie eine Sondertilgung geleistet haben, sich also am Kreditsaldo etwas geändert hat. Die Auswahl, was geändert werden soll, können Sie im folgenden Fenster treffen.

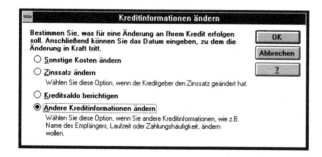

Abb. 87: Nachträgliche Änderung der Kreditangaben

Über die Schaltfläche *Bericht* können Sie sich zu jedem Zeitpunkt einen Überblick über die Angaben und die Entwicklung Ihres Kredits verschaffen. Für die Möglich-

Berichtsgenerator

keiten innerhalb dieses Kreditgenerators gelten die Angaben, die zu den bisher gezeigten Generatoren gemacht wurden.

i Hinweis

Interessant zu erwähnen ist noch die Tatsache, daß MS-Money im Hintergrund eine *Zukünftige Zahlung* bezüglich des Kredits definiert hat. Bei jeder Fälligkeit werden Sie nun automatisch informiert, so daß Ihnen keine Rate entfällt und Ihre Buchhaltung immer in Ordnung ist.

Wie Ihnen von zukünftigen Zahlungen ja bereits bekannt ist, können die entsprechenden Buchungen von MS-Money ins Kontobuch eingetragen werden. Bei Krediten kommt aber auch noch das Symbol *Kredite* im unteren Bereich des Programmfensters ins Spiel.

Durch doppeltes Anklicken des Symbols öffnet sich ein Fenster, in dem alle Buchungen, die den Kredit betreffen, aufgezeichnet sind. Bei der Arbeit mit den zukünftigen Zahlungen werden diese Eingaben von MS-Money automatisch getätigt.

7.4 Gesplittete Buchungen

Nicht immer sind Buchungen eindeutig zuzuordnen. Es kann vorkommen, daß eine Buchung aus verschiedenen Teilen besteht, die Sie jeweils einer Kategorie zuordnen möchten.

Beispiele für gesplittete Buchungen

Beispiele, bei denen gesplittete Buchungen vorkommen:

- Sie gehen einkaufen und besorgen Nahrungsmittel sowie Rasierutensilien und Seife. Die beiden Artikelgruppen wollen Sie nun nicht der gleichen Kategorie zuordnen (z. B. Lebensmittel).

Dies bedeutet, daß Sie die Buchung in die Kategorien *Lebensmittel* und *Persönliche Hygiene* aufsplitten.

- Sie waren geschäftlich unterwegs und haben Ihre Frau/Ihren Mann mitgenommen. Nun sollen aber die dabei entstandenen Kosten nicht in ihrer Gesamtheit den Geschäftskosten zugeordnet werden. Das Ergebnis wird sein, daß Sie Ihren Anteil den *geschäftlichen* und den Ihres Partners den *privaten* Kategorien zuordnen.

- Sie haben einen *Barscheck* eingereicht, von dem Sie sich die Hälfte gleich ausbezahlen lassen. Die andere Hälfte wird auf Ihrem Konto gutgeschrieben.

  Hier vermeiden Sie durch eine gesplittete Buchung die Eingabe von zwei Buchungen, nämlich zunächst der *Gutschrift* und dann der *Abhebung*. Abgesehen davon haben Sie hier im Falle einer gesplitteten Buchung einen besseren Überblick über die Herkunft des Geldes.

  Hinweis

- Ein Kunde bezahlt bei Ihnen eine Rechnung. Da er nicht genug Bargeld bei sich hat, stellt er Ihnen für den fehlenden Betrag einen Scheck aus. In diesem Fall geht das Geld ja auf zwei verschiedene Konten. Der eine Teil wandert in Ihre *Kasse*, der andere Teil wird Ihrem *Girokonto* gutgeschrieben. Also wieder ein Fall für eine gesplittete Buchung.

Um eine gesplittete Buchung einzugeben, können Sie drei Wege gehen:

Vorgangsweise bei gesplitteten Buchungen

1. Sie geben Ihre Buchung wie gewohnt ein. Bei der Abfrage nach der Kategorie wählen Sie aber den Eintrag

Splitten aus. Bei dieser Methode ist zu empfehlen, daß Sie zu diesem Zeitpunkt noch keinen Betrag eingeben.

2. Sie wählen aus der Menüleiste die Befehlsfolge *Bearbeiten/Gesplittete Buchung....*
3. Sie wählen aus der Symbolleiste das *Symbol für gesplittete Buchungen* aus, indem Sie es ganz einfach anklicken.

Egal welche der oben beschriebenen Methoden Sie wählen, auf jeden Fall erscheint nach der Auswahl gesplittete Buchung das folgende Fenster.

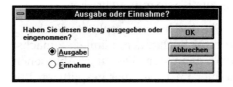

Abb. 88:
Eingangsfenster für
gesplittete Buchungen

Einnahme
oder Ausgabe

Hier werden Sie gefragt, ob es sich bei der Buchung um eine *Einnahme* oder eine *Ausgabe* handelt. Sollte es ein Fall von "sowohl als auch" sein, dann wählen Sie dennoch eine der beiden Möglichkeiten. Welche Möglichkeit Sie wählen, das bleibt in diesem Fall Ihnen überlassen.

Nach dieser Auswahl erscheint ein neues Fenster, in dem Sie nun die entsprechende Buchung eingeben können. Das folgende Fenster enthält das Beispiel mit dem Einkauf von Lebensmitteln und Hygieneartikeln.

In diesem Fenster gehen Sie ebenso vor, als würden Sie sich im Kontobuch befinden, d. h., Sie tragen die Buchung mit Kategorie und Betrag wie gehabt ein.

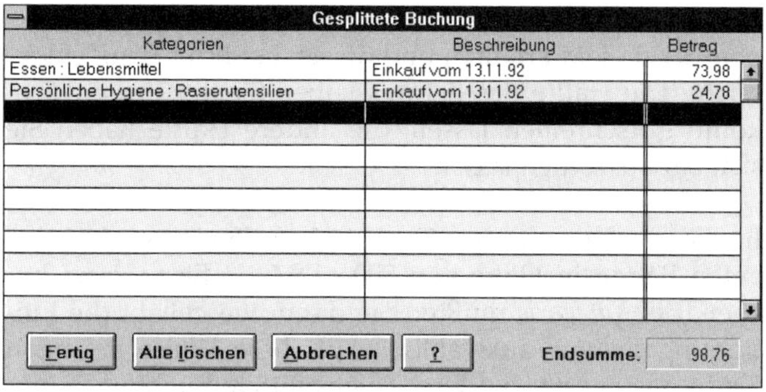

Gesplittete Buchung		
Kategorien	Beschreibung	Betrag
Essen : Lebensmittel	Einkauf vom 13.11.92	73,98
Persönliche Hygiene : Rasierutensilien	Einkauf vom 13.11.92	24,78

[Fertig] [Alle löschen] [Abbrechen] [?]   Endsumme: 98,76

Abb. 89: Eingabe von gesplitteten Buchungen

Unten rechts erscheint immer die Summe der von Ihnen eingegebenen Buchungsteile. Haben Sie alle Einträge gemacht, so betätigen Sie die Schaltfläche *Fertig*.

Auf diese Weise gelangen Sie in Ihr Kontobuch zurück und können die dort gemachten Eingaben mit der `Enter`-Taste bestätigen.

Stellen Sie nun nachträglich fest, daß an der gesplitteten Buchung etwas nicht in Ordnung ist, z. B. daß Sie einen Eintrag vergessen haben, so gelangen Sie nach dem Markieren der entsprechenden Buchung über die Befehlsfolge *Bearbeiten/Gesplittete Buchungen* wieder in das bekannte Fenster. Dort können Sie die gewünschten Änderungen bzw. Ergänzungen vornehmen.

Änderungen an gesplitteten Buchungen

Die oben geschilderte Vorgehensweise gilt dann, wenn Sie bei der normalen Buchung im Kontobuch noch keinen Betrag eingegeben haben.

Ein weiteres Beispiel soll Ihnen die Vorgehensweise in diesem Fall verdeutlichen.

Grundlagen III: Fortgeschrittene Möglichkeiten

 Praxis

Gehen Sie einmal davon aus, Sie hätten einen Scheck über 1000,- DM erhalten und diesen bei Ihrer Bank eingereicht. Die Hälfte des Betrags haben Sie auf Ihrem Girokonto gutschreiben lassen, die andere Hälfte haben Sie sich bar auszahlen lassen.

In diesem Fall würden Sie bei einer Buchung zunächst einen Betrag in Höhe von 500,- DM als Einzahlung buchen. Bei *Kategorie* müßten Sie dann wie gehabt die Eintragung *Splitten* auswählen. Auf diese Weise gelangen Sie in das Fenster, in dem Sie gesplittete Buchungen eintragen können.

Abb. 90:
Nachträgliches
Aufsplitten einer
Buchung

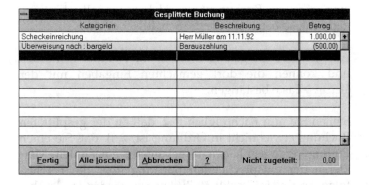

Nachdem Sie in dieses Fenster gelangt sind, wird in der ersten Zeile bereits ein Betrag von 500,- DM angezeigt. Für das oben genannte Beispiel stimmt das natürlich nicht.

Sie müssen hier zunächst Ihre Scheckeinreichung eintragen. Zu diesem Zweck können Sie eine neue Kategorie namens *Scheckeinreichung* definieren. Der Betrag, der auf dem Scheck stand, muß in der letzten Spalte eingetragen werden. Im vorliegenden Fall müßten Sie also die Zahl

184 Anspruchsvolles Finanzmanagement

1000 eingeben. In der Anzeige unten, die nicht zugeteilte Beträge anzeigt, steht jetzt die Zahl "-500".

Es ist leicht erklärt, warum hier ein negativer Betrag erscheinen muß. Bei einer tatsächlichen Einzahlung von 1000,- DM und einer Buchung von 500,- DM müssen irgendwie 500,- DM auf eine andere Weise verwendet, also ausgegeben worden sein.

Dieser Betrag, der unten steht, wird von MS-Money automatisch eingesetzt, sobald Sie Ihre Eingabe in der ersten Zeile beendet haben und in die zweite Zeile wechseln.

Dort geben Sie bei Kategorie *Überweisung* an und wählen bei der Unterkategorie Ihr *Bargeldkonto* aus. Da hiermit die Buchung für Sie erledigt ist, betätigen Sie nun die Schaltfläche *Fertig*.

Für das Arbeiten mit gesplitteten Buchungen gibt es noch zwei interessante Funktionstasten:

Zwei interessante Funktionstasten

1. *Die Funktionstaste* [F6]:

    Ist bei einer gesplitteten Buchung der Gesamtbetrag noch nicht vollständig aufgeteilt, so können Sie diesen überschüssigen Betrag durch das Betätigen der [F6]-Taste auf die bereits eingegebenen Einträge anteilmäßig verteilen.

    Beispiel: Sie haben zwei Artikel für 100,- DM verkauft. Dazu kommen noch 14,- DM Umsatzsteuer. Bei der Buchung haben Sie jeweils 50,- DM für jeden Eintrag angesetzt. Damit bleibt in der Anzeige unten rechts ein nicht zugeteilter Betrag in Höhe von 14,- DM. Durch die Betätigung der Taste [F6] wird nun

Grundlagen III: Fortgeschrittene Möglichkeiten

jedem Eintrag der entsprechende Anteil, im vorliegenden Fall also 7,- DM zugeteilt.

2. *Die Funktionstaste* F5 :

Mit Hilfe dieser Taste können Sie einen noch nicht zugeteilten Betrag einer einzelnen Buchung zuweisen.

Hierzu müssen Sie die entsprechende Buchung markieren und die Funktionstaste betätigen. Der Betrag wird danach der ausgewählten Eintragung zugeordnet.

Fehlenden Betrag noch keiner Kategorie zugewiesen

Bei Splitbuchungen kann es vorkommen, daß Sie einfach vergessen, einen noch fehlenden Betrag einer Kategorie zuzuweisen. In dem Moment, indem Sie die Schaltfläche *Fertig* betätigen, wird das folgende Fenster erscheinen.

Abb. 91:
Hinweis auf nicht zugeteilte Beträge

186 *Anspruchsvolles Finanzmanagement*

⚠ Achtung

Dieses Fenster sollte für Sie immer ein Warnsignal sein. Sie können hier zwar bestimmen, daß Sie mit dem nicht zugeteilten Betrag fortfahren wollen, doch sollten Sie für diesen Fall bedenken, daß Sie hiermit die Aussagefähigkeit Ihrer Buchführung in Frage stellen.

Solche Beträge werden dann nämlich unter "nicht zugeteilt" geführt, d. h., sie werden keiner Kategorie zugeordnet.

Berichte

Der letzte Punkt, der zum Thema Splitbuchungen gehört, betrifft das Berichtswesen. Wollen Sie sich beispielsweise eine Buchungsbericht ausdrucken, so werden Sie feststellen, daß bei der Kategorie nur Splitten angegeben wird.

Um nun aber auch im Bericht zu sehen, wohin das Geld geflossen ist, müssen Sie die Schaltfläche *Anpassen* betätigen.

In dem daraufhin erscheinenden Fenster wählen Sie einfach die Option *Splitbuchungen aufnehmen*. Nachdem Sie die Schaltfläche *Ansicht* gewählt haben, wird Ihr Bericht in etwa das folgende Aussehen haben.

Abb. 92:
Buchungsbericht mit Splitbuchungen

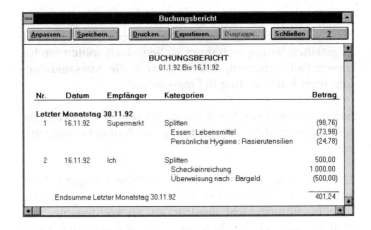

7.5 Berichtserstellung mit MS-Money

Eine besondere Seite des Arbeitens mit MS-Money ist die breite Palette an Auswertungsmöglichkeiten bezüglich der eingegebenen Buchungen.

Wie sonst sollten Sie auch in Angesicht der Zahlenflut, die über einen hereinbricht, wenn man sich Buchungen, über mehrere Monate eingegeben, anschaut, den Überblick behalten.

Aus diesem Grund sollen Sie im folgenden noch einige Berichtsarten kennenlernen, die im Verlauf dieses Buches noch nicht erwähnt, bzw. nur ganz kurz angesprochen wurden.

Im einzelnen soll es sich hierbei um die Möglichkeiten handeln, Berichte über Ihre *Einnahmen und Ausgaben* zu erstellen (Überschußrechnung), mit Hilfe des *Steuerberichts* eine Steuererklärung vorzubereiten, sich mit einem *Vermögensbericht* einen Überblick über das Gesamtvermögen zu verschaffen, mit einem *Kreditbericht* offene Kredite zu verwalten und überwachen sowie einen *Umsatzsteuerbericht* für das Finanzamt zu verfassen.

7.5.1 Einnahmen- und Ausgabenbericht

Hierbei handelt es sich um eine Berichtsart, die sowohl im privaten als auch im geschäftlichen Bereich eine wichtige Stellung einnimmt.

Alle Einnahmen und Ausgaben, die im Verlauf eines Jahres oder eines Monats gemacht wurden, werden hier gegenübergestellt und aufgerechnet. Ein Überschuß bzw. ein Verlust wird auf der Stelle angezeigt.

Arbeiten Sie nur im privaten Bereich, so können Sie sich mit Hilfe dieses Berichts einen schnellen Überblick über Ihre Einnahmen und Ausgaben bezogen auf eine selbst zu definierende Zeitspanne anzeigen lassen. Diese Ansicht erlaubt Ihnen eine bessere Planung Ihrer Finanzen, da Sie so bestimmte Ausgaben, die eine Größenordnung überschreiten, besser lokalisieren können.

Für private Zwecke

Für Geschäftsleute ist diese Berichtsart als eine schnelle und einfache Überschußrechnung zu gebrauchen. Sie sehen auf einen Blick, ob sich das Geschäft lohnt.

Für geschäftliche Zwecke

In diesen Berichtsgenerator gelangen Sie, indem Sie aus der Menüleiste die Befehlsfolge *Bericht/Einnahmen und Ausgaben* auswählen.

Daraufhin gelangen Sie in ein Fenster, das Ihnen einen vorgefertigten Bericht anzeigt. Es ist davon auszugehen, daß Sie an dieser Darstellung Änderungen vornehmen wollen.

Um dies zu realisieren, wählen Sie einfach die Schaltfläche *Anpassen* aus. Nach dieser Auswahl öffnet sich das folgende Fenster.

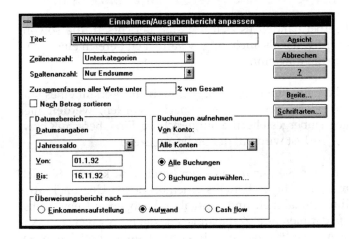

*Abb. 93:
Anpassung des
Berichts über
Einnahmen und
Ausgaben*

Im ersten Eingabefeld haben Sie die Möglichkeit, einen *Titel* für Ihren Bericht zu vergeben. Der vorgegebene Titel ist jedoch aussagekräftig genug, so daß in der Regel kein Anlaß für diese Maßnahme besteht.

Die nächsten beiden Eingabefelder bestimmen die Spalten- bzw. Zeilenanzahl Ihres Berichts. In der MS-Money-Terminologie werden Sie *Zeile für* und *Spalte für* genannt.

Für die Spaltenanzahl können Sie auswählen, ob Sie wöchentliche, monatliche, halbjährliche oder auch andere Zwischensummen haben wollen oder nur die Endsumme.

Spaltenanzahl

Hierbei ist klar, daß zum Beispiel bei wöchentlichen Zwischensummen der Buchungen 52 Spalten benötigt werden, bei der Beschränkung auf die Endsumme dagegen nur eine Spalte ausgefüllt wird.

Wenn Sie also nicht unbedingt die ganz detaillierten Zahlen haben müssen, so sollten Sie nur die Endsumme wählen. Dies insbesondere dann, wenn Sie den Bericht nicht nur anschauen, sondern auch ausdrucken wollen.

Hinweis

Die Zeilenanzahl Ihres Berichts bestimmt sich danach, ob Sie die Kategorietypen, die Kategorien oder die Unterkategorien angezeigt haben wollen. Je detaillierter hier die Aufschlüsselung der Buchungen erfolgt, desto mehr Zeilen umfaßt selbstverständlich auch der Bericht.

Zeilenanzahl

Bei den Kategorietypen haben Sie lediglich die Überschriften *Einnahmen und Ausgaben*. Dies kann aber nur zur ersten Übersicht dienen. Etwas genauer sollte der Bericht schon sein. Es ist daher empfehlenswert, daß Sie hier zumindest die Kategorien anzeigen lassen.

Welche Kategorien?

Um den Bericht noch übersichtlicher zu gestalten, können Sie Werte, die beispielsweise unter 5% der Gesamtsumme liegen, unter *Sonstiges* zusammenfassen. Welche Prozentzahl Sie hier eingeben, hängt von Ihren Werten ab. Bestehen Ihre Buchungen ausschließlich aus kleinen Einzelbeträgen, so macht diese Option natürlich keinen Sinn.

Innerhalb jeder Kategorie können Sie die angezeigten Beträge der Höhe nach sortieren lassen. Dies geschieht, indem Sie einfach das kleine Quadrat anklicken und es dadurch mit einem "x" ausfüllen.

Bericht individuell konfigurieren

MS-Money läßt Sie den Bericht ganz individuell konfigurieren. So können Sie ganz nach Ihren Wünschen einen Zeitraum definieren, für den Sie den Bericht erstellt haben wollen. Sie können hier aber auch aus der vorgegebenen Liste auswählen.

Eine weitere Einstellungsmöglichkeit betrifft die Konten, die im Bericht vorkommen sollen. Um eine wirkliche Gesamtübersicht aller Ihrer Einnahmen und Ausgaben zu erhalten, sollten Sie aber auf jeden Fall die Option *Alle Konten* wählen. Wollen Sie dagegen nur Ihre Umsätze auf dem Bankkonto überwachen, so wählen Sie einfach dieses Konto aus.

Die letzte Einstellung betrifft den Aufbau des Berichts. Sie können hier unter den Optionen *Einkommensaufstellung*, *Aufwand* oder *Cash-Flow* wählen:

Einkommensaufstellung

Diese Option sollten Sie nur dann wählen, wenn sich Ihre Buchungen *ausschließlich um Geschäftskategorien* drehen. Übertragungen aus anderen Konten sind in Berichten nach dieser Form nicht enthalten.

Aufwand

Diese Option betrifft in erster Linie die *Privatkategorien*. Zusätzlich werden Buchungen aus Vermögens- und Verbindlichkeitskonten unter eigenen Punkten in den Bericht aufgenommen.

Cash-Flow

Dieser Begriff bezeichnet den *Überschuß*, der vom Umsatz nach Abzug aller Kosten übrig bleibt, um beispielsweise Investitionen zu tätigen.

Sie sollten diese Option nur dann nutzen, wenn Sie einen *rein geschäftlichen Bericht* erstellen wollen und eine Übersicht über den Fluß des Geldes in Ihr und aus Ihrem Unternehmen haben wollen. Einzelbuchungen auf und von Konten sind in diesen Berichten nicht enthalten.

Hinweis

Nachdem Sie nun Ihren Bericht angepaßt haben, können Sie ihn sich über die Schaltfläche *Ansicht* anschauen. Sollten noch Veränderungen durchzuführen sein, so wechseln Sie wieder in *Anpassen*.

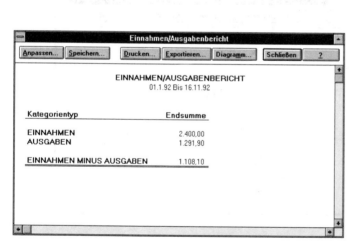

Abb. 94: Bericht mit Kategorientypen

Diesen Bericht können Sie sich auch ausdrucken lassen.

Grafische Präsentation Ein weiteres schönes Feature ist die Möglichkeit, daß Sie sich den Bericht auch grafisch aufgearbeitet anschauen können. Hierzu betätigen Sie einfach die Schaltfläche *Diagramm*.

Die Vorzugsform des Diagramms ist eine Balkengrafik. Über die Schaltfläche *Format* können Sie jedoch auch eine Linien- oder eine Tortengrafik auswählen.

Andere Einstellungen, die Sie in diesem Fenster vornehmen können, betreffen die Hinzufügung einer Legende, einer Rasterung und die Optionen für den Ausdruck (Füllmuster anstelle von Farben).

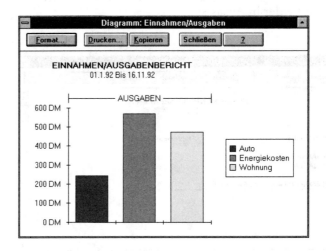

Abb. 95:
Grafische Darstellung des Einnahmen/ Ausgaben-Berichts

Auch hier besteht über die entsprechende Schaltfläche selbstverständlich die Möglichkeit des Ausdruckens der Grafik.

7.5.2 Steuerbericht

Jedes Jahr passiert das gleiche. Wenn man etwas Geld vom Staat zurückhaben möchte, muß man eine Lohn- oder Einkommensteuererklärung beim Finanzamt einreichen.

Nachdem Sie ein ganzes Jahr lang Buchungen in MS-Money vorgenommen haben, zeigt sich das Programm in dieser Hinsicht erkenntlich. Mit dem Steuerbericht, den Sie sehr leicht erstellen können, haben Sie sozusagen auf Tastendruck Ihr zu versteuerndes Einkommen sowie die abzugsfähigen Ausgaben.

Zu versteuerndes Einkommen und abzugsfähige Ausgaben

Damit MS-Money Ihnen bei der Steuererklärung behilflich sein kann, müssen Sie zunächst natürlich auch etwas tun.

Dies fängt bei der Definition von Kategorien an. Wenn Sie sich einmal die Kategorienliste mit der Befehlsfolge *Liste/Kategorienliste* anschauen, werden Sie sehen, daß bei jeder Kategorie und bei jeder Unterkategorie auf der rechten Seite ein Feld zu finden ist, das den Text *In Steuerbericht aufnehmen* hat.

Vorarbeiten

Um nun mit Hilfe von MS-Money einen Steuerbericht zu erstellen, müssen alle relevanten Kategorien und Unterkategorien entsprechend gekennzeichnet sein. Fehlt auch nur eine Kategorie, kann MS-Money den Bericht nicht korrekt erstellen, was für Sie finanzielle Nachteile haben kann.

Bevor Sie also einen Steuerbericht erstellen, sollten Sie auf jeden Fall die Kategorienliste Eintrag für Eintrag durchgehen, um zu sehen, daß alle Einträge korrekt gekennzeichnet sind.

Korrekte Kategorienliste

Eintragung aller Transaktionen

Die andere Sache, die Sie selbst zu erledigen haben, ist natürlich die korrekte und zusammenhängende Eintragung aller Transaktionen, die sich auf Ihrem Konto abspielen.

Sie sollten jetzt aber nicht annehmen, daß MS-Money in der Lage ist, Ihnen die ganze Arbeit mit der Steuererklärung abzunehmen. Das ist natürlich nicht der Fall.

Was MS-Money aber erledigen kann, ist die Berechnung der Zahlen. Sie müssen die entsprechenden Ergebnisse dann nur noch in Ihre Steuererklärung übertragen.

Steuerbericht erstellen

Um nun einen Steuerbericht zu erstellen, wählen Sie aus der Menüleiste die Befehlsfolge *Bericht/Steuerbericht*. Daraufhin erscheint ein Fenster, in dem ein Bericht angezeigt wird, der auf den Voreinstellungen von MS-Money basiert.

In der Regel werden Sie den Bericht auf Ihre Bedürfnisse anpassen müssen. Um dies zu tun, klicken Sie einfach die Schaltfläche *Anpassen* an, woraufhin das folgende Fenster erscheint.

Die erste Einstellung, die Sie in diesem Fenster vornehmen können, betrifft den Titel des Berichts. In der Regel dürfte daran jedoch nichts zu ändern sein.

Typ des Berichts

Wesentlich interessanter ist der nächste Punkt. Hier gilt es, den Typ des Berichts festzulegen. Hierbei haben Sie die Auswahl zwischen *Zusammenfassung* und *Einzelne Buchungen*.

Abb. 96: Anpassung des Steuerberichts

Beim Typ *Zusammenfassung* werden die Summen der relevanten Einnahmen und Ausgaben in Listenform ausgegeben. Bei Auswahl der Option *Einzelne Buchungen* zeigt Ihnen MS-Money die einzelnen Buchungen für die betreffenden Kategorien an.

Für das Ausfüllen des Steuererklärungsformulars reicht die erste Option mit Sicherheit aus. Außerdem ist die Steuerzusammenfassung auch wesentlich leichter lesbar, so daß diesem Typ der Vorzug zu geben sein dürfte.

 Hinweis

Als nächstes ist die Zeilen- und Spaltenanzahl des Berichts zu bestimmen. Auch hier nennt MS-Money diese Optionen wieder *Zeile für* und *Spalte für*.

Wie bei allen bisher vorgestellten Berichten wird der Bericht natürlich umso umfangreicher, je detaillierter Sie sich die einzelnen Kategorien aufschlüsseln lassen.

Bei der Zeilenanzahl können Sie zwischen den Kategorietypen, den Kategorien sowie den Unterkategorien auswählen.

Tip

Im Falle eines Steuerberichts ist es ausnahmsweise einmal ratsam, sich alles so detailliert wie möglich anzeigen zu lassen. Schließlich können Sie nur so erkennen, ob sich etwa eine Unterkategorie eingeschlichen hat, die in der Steuererklärung nichts zu suchen hat, oder ob Sie etwa eine wichtige Unterkategorie vergessen haben.

Bei der Anzahl der Spalten haben Sie die Möglichkeit, sich zusätzlich zur Endsumme der jeweiligen Kategorien und Unterkategorien auch die betroffenen Konten und/oder die Empfänger der Zahlungen anzeigen zu lassen.

Tip

Aus Gründen der Übersichtlichkeit empfiehlt es sich jedoch, daß Sie sich lediglich die Endsummen anzeigen lassen.

Weiterhin können Sie in diesem Fenster den Datumsbereich angeben, für den Sie den Steuerbericht verfassen wollen. Im Normalfall dürfte es sich hierbei um die Option *Vorjahr* handeln.

Zu Ihrer weiteren Auswahl stehen aber auch noch die Einträge *Aktuelles Jahr, Monatssaldo, Jahressaldo, Vormonat, Letzten 30 Tage, Letzten 12 Monate* sowie *Selbstdefiniertes Datum*. Diese letzte Eintragung werden Sie dann wählen müssen, wenn Sie Ihre Steuererklärung von vor zwei Jahren noch nicht gemacht haben.

Welche Buchungen in den Bericht?

Die letzte Auswahl betrifft die Buchungen, die in den Bericht aufgenommen werden sollen. Hier müssen Sie zunächst bestimmen, von welchen Konten die Buchungen geholt werden sollen. Am sichersten ist es für Sie, wenn Sie die Buchungen aus *allen* Konten in den Steuerbericht einfließen lassen.

Darüber hinaus können Sie auch bestimmen, ob alle Buchungen aus den ausgewählten Konten oder nur bestimmte Buchungen im Bericht Verwendung finden. Wollen Sie nur bestimmte Buchungen benutzen, so öffnet sich ein Fenster, in dem Sie Kriterien für die zu benutzenden Buchungen festlegen können.

Ein Steuerbericht, in dem aus Platzgründen nur die Kategorietypen angezeigt werden, würde so aussehen wie auf der folgenden Abbildung.

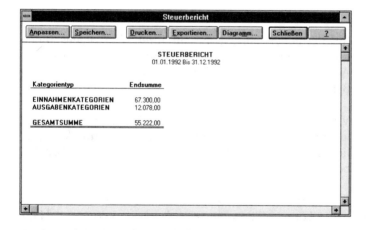

*Abb. 97:
Ansicht eines
Steuerberichts*

Aus dem Berichtsgenerator heraus haben Sie auch die Möglichkeit, sich über *Diagramm* die steuerlich relevanten Einnahmen und Ausgaben grafisch darstellen zu lassen. Da diese Grafik beim Ausfüllen eines Steuererklärungsformulars jedoch nicht sehr nützlich ist, muß man diese Möglichkeit als reine Spielerei ansehen.

7.5.3 Vermögensbericht

Zu bestimmten Anlässen kann es erforderlich sein, daß Sie sich einen Überblick über Ihr Gesamtvermögen verschaffen.

Nutzen eines Vermögensberichts

Dies kann zum Beispiel der Fall sein, wenn Sie eine größere Anschaffung vorhaben, wie den Erwerb eines Grundstücks oder eines Hauses. Oder Sie wollen eine Hausratversicherung abschließen. Auch in diesem Fall ist es erforderlich, daß Sie sich Ihr Vermögen auflisten lassen.

Ihr Vermögen besteht aus all Ihren Wertgegenständen und Bargeldbeständen abzüglich Ihrer Verbindlichkeiten. All dies wird von MS-Money auf Tastendruck in einem Bericht zusammengefaßt.

Voraussetzung: Sorgfältige und vollständige Eingabe

Voraussetzung für einen aussagekräftigen Bericht ist allerdings, daß Sie alle Ihre Vermögenswerte und Verbindlichkeiten auch sorgfältig in MS-Money eingegeben haben.

Ihre Vermögensgegenstände (Auto, Schmuck, Häuser usw.) können Sie in einem *Anlagekonto* verwalten. Hierbei empfiehlt es sich, gemäß kaufmännischen Regeln, nicht den momentanen Wert, sondern den *Anschaffungswert* einzutragen.

Um aber auch den tatsächlichen Wert feststellen zu können, haben Sie die Möglichkeit, parallel ein *zweites Anlagekonto* zu führen.

Eine andere Möglichkeit würde darin bestehen, für jeden Vermögensgegenstand eine *Zusatzbuchung* zu machen, mit der Sie den Wert des entsprechenden Gegenstandes aktualisieren.

Auf diese Weise haben Sie einerseits die *Anschaffungskosten* zu jedem Zeitpunkt abrufbereit, zum anderen zeigen Ihnen Ihre Berichte immer Ihr *aktuelles Vermögen* an.

Um nun einen Vermögensbericht zu erstellen, wählen Sie aus der Menüleiste die Befehlsfolge *Bericht/Vermögensbericht* aus. In dem daraufhin erscheinenden Fenster wird Ihnen sofort ein Bericht angezeigt, der auf der Basis der Voreinstellungen von MS-Money erstellt wurde.

Vermögensbericht erstellen

Sie haben nun die Möglichkeit, den Bericht Ihren Wünschen und Anforderungen gemäß anzupassen.

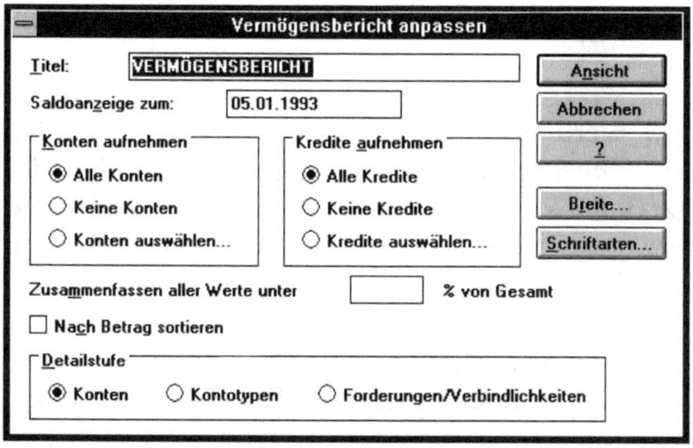

Abb. 98: Anpassung des Vermögensberichts

Die erste wichtige Eingabe betrifft den *Stichtag*, zu dem Sie Ihre Vermögensübersicht erstellen wollen. Geben Sie hier einfach ein Ihnen genehmes Datum ein.

Um einen kompletten Bericht zu erhalten, sollten Sie in den beiden nächsten Bereichen sowohl *Alle Konten* als auch *Alle Kredite* aktivieren.

Wollen Sie hingegen eine Hausratversicherung abschließen und benötigen ausschließlich den Wert Ihrer Vermögensgegenstände, so müssen Sie die Option *Konten auswählen...* aktivieren, um die zutreffenden Konten in Ihren Bericht aufzunehmen.

Hinweis Weiterhin können Sie Werte unter einem bestimmten Anteil Ihres Gesamtvermögens unter einen Sammelbegriff zusammenfassen. Dies erhöht unter Umständen die Lesbarkeit des Berichts.

Wie detailliert Ihr Bericht aussehen soll, können Sie bei der *Detailstufe* bestimmen. Hier stehen Ihnen die Auswahlmöglichkeiten *Konten*, *Kontentypen* und *Forderungen/ Verbindlichkeiten* zur Verfügung. In dieser genannten Reihenfolge nimmt die Aufschlüsselung der Eintragungen ab.

Bei *Konten* werden Ihnen alle entsprechenden Konten angezeigt. *Kontentypen* zeigt Ihnen nur die Grundart der Konten (z. B. Bankkonto, Anlagekonto usw.) an, während bei *Forderungen/Verbindlichkeiten* nur nach diesen beiden Gesichtspunkten aufgeschlüsselt wird.

Nach der Anpassung gelangen Sie über die Schaltfläche *Ansicht* zurück ins Ausgangsfenster. Dort können Sie den von Ihnen definierten Bericht bewundern.

Grafische Ausgabe Auch hier können Sie sich die Auswertung des Berichts grafisch anzeigen lassen. Schließlich macht es Ihnen ja auch Spaß, sich anzuschauen, was Sie sich erarbeitet haben.

*Abb. 99:
Vermögensbericht auf der Basis von Kontotypen*

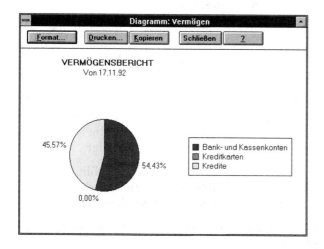

*Abb. 100:
Grafische Darstellung des Vermögenberichts*

7.5.4 Kreditbericht

Sobald Sie in der Kreditliste einen Kredit eingerichtet haben, können Sie diesen auf drei Arten verwalten und überwachen.

- *Kreditlistenbericht:* Diese Berichtsart wurde bereits im Rahmen der Krediterstellung besprochen.

  Sie haben hiermit die Möglichkeit, sich alle Details über die von Ihnen vergebenen bzw. in Anspruch genommenen Kredite anzeigen zu lassen. Hierzu gehören zum Beispiel die *Kreditkonditionen*.

  Einen solchen Bericht erstellen Sie mit der Befehlsfolge *Liste/Kreditliste Bericht*.

- *Kreditbuchungsbericht:* Mit Hilfe dieser Berichtsart können Sie sich alle im Kreditbuch getätigten Buchungen anzeigen lassen.

  Sie klicken hierzu das Symbol *Kreditbuch* doppelt an, so daß sich das Kreditbuch öffnet. Danach erstellen Sie mit der Befehlsfolge *Bericht/Buchungsbericht* Ihren Kreditbuchungsbericht.

- *Kreditbericht:* Diese Berichtsart ist das eigentliche Thema dieses Abschnitts. Es handelt sich hierbei um einen Bericht, der Ihnen die Entwicklung des Kredits über die gesamte Laufzeit hinweg anzeigt.

- MS-Money zeigt Ihnen hier den Zahlungsplan, in dem alle bereits geleisteten Zahlungen sowie die noch offenen Raten aufgelistet werden.

  Sie aktivieren diese Berichtsart über die Befehlsfolge *Bericht/Kreditbericht*.

Grundlagen III: Fortgeschrittene Möglichkeiten

Für einen Kredit über 6.000,- DM, der eine Laufzeit von 9 Monaten bei einer Kreditrate von 700,- DM hat, würden Sie im Anschluß daran das folgende Bild erhalten.

 Praxis

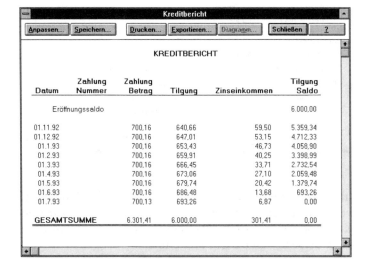

Abb. 101:
Ansicht eines
Kreditberichts

Diesen Bericht können Sie nun, wie gehabt, ganz nach Ihren Wünschen modifizieren, indem Sie einfach auf die Schaltfläche *Anpassen* anklicken.

Hier können Sie zunächst festlegen, welche Felder in den Kredit aufgenommen werden sollen. MS-Money hat hier schon eine sehr vernünftige Vorauswahl getroffen, so daß Sie hier nur in Ausnahmefällen Änderungen vornehmen sollten.

Nur in Ausnahmefällen Änderungen vornehmen

Anspruchsvolles Finanzmanagement 205

Grundlagen III: Fortgeschrittene Möglichkeiten

*Abb. 102:
Anpassung des
Kreditberichts*

In Frage käme hier z. B. das *Konto*, falls Sie die Zahlungen von verschiedenen Konten leisten. Sollten Ihnen für den Kredit sonstige Kosten entstehen, so können Sie natürlich auch diese in den Bericht aufnehmen.

Weiterhin haben Sie die Möglichkeit, sich quartalsweise bzw. jährlich eine Zwischensumme ausgeben zu lassen. Die Standardeinstellung von MS-Money sieht keine Zwischensumme vor.

Sie können die Anzeige der Raten auch auf einen bestimmten Zeitraum beschränken. Dies könnte dann der Fall sein, wenn Sie lediglich wissen wollen, wieviel Sie bereits bezahlt haben, bzw. wieviel Sie noch zu zahlen haben.

Die letzte Angabe, die in diesem Fenster zu machen ist bzw. verändert werden kann, betrifft den Kredit und die Buchungen, die aufgenommen werden sollen.

Es kann ja sein, daß Sie mehrere Kredite laufen haben. In diesem Fall sollten Sie hier eine Auswahl treffen, für welchen Kredit Sie einen Bericht erstellen möchten.

Bei der Auswahl von *Alle Buchungen* werden Ihnen sowohl die bereits getätigten Zahlungen als auch die zukünftigen Zahlungen angezeigt.

Bei der Option *Aus Kreditbuch* wird nur ein Bericht über die bereits geleisteten Zahlungen, also über die Einträge des Kreditbuchs erstellt.

Wählen Sie *Aus Tilgungsplan*, so erstellt Ihnen MS-Money einen Bericht, der ausschließlich die noch ausstehenden Zahlungen erfaßt.

Mit *Ansicht* gelangen Sie nun wieder in Ihren Bericht zurück. Sie können nun aus dem Bericht entnehmen, zu welchem Zeitpunkt eine Zahlung geleistet wurde, bzw. zu leisten ist.

Weiterhin wird die Rate in Tilgungs- und Zinsanteil aufgeschlüsselt. Jeweils am Ende einer jeden Zeile wird der Betrag aufgelistet, der nach Abzug der bereits geleisteten Zahlung noch bleibt.

In der Spalte der Zahlungen können Sie am Ende sehen, wieviel Sie tatsächlich für die aufgenommene Summe bezahlt haben.

Mit diesem Bericht können Sie wie mit jedem bisher vorgestellten Bericht vorgehen. Sie können ihn speichern, ausdrucken und exportieren. Die Möglichkeit einer Grafikerstellung besteht in diesem Modus nicht.

7.5.5 Umsatzsteuerbericht

Überblick über Vorsteuer und Umsatzsteuer

Hierbei handelt es sich um eine Berichtsart, bei der Sie ähnlich wie beim Steuerbericht verfahren müssen. Sie erhalten hier einen Überblick über die Vorsteuer, die Sie ausgegeben haben und die Umsatzsteuer, die Sie eingenommen haben.

Auch hier beginnt die Arbeit bei den Kategorien. Sie müssen darauf achten, daß alle für Ihre Umsatzsteuervoranmeldung relevanten Kategorien auf zwei Weisen gekennzeichnet sind:

1. Das Feld *in Steuererklärung aufnehmen* muß aktiviert sein.
2. Im Feld *USt %* muß der korrekte Steuersatz eingetragen sein.

Für vorgegebene Kategorien hat MS-Money diese Eintragungen bereits vorgenommen. Sollten Sie aber zusätzlich eigene Kategorien definiert haben, so müssen Sie darauf achten, daß auch dort die erforderlichen Einstellungen vorgenommen werden.

Hinweis

Sollte sich irgendwann einmal der Steuersatz ändern, so sind Sie gezwungen, diese Änderung Kategorie für Kategorie per Hand zu ändern. Es gibt keinen globalen Befehl, der Ihnen diese Arbeit abnehmen könnte.

Umsatzsteuerbericht erstellen

Um nun den Bericht zu erstellen, wählen Sie aus der Menüleiste die Befehlsfolge *Bericht/Umsatzsteuerbericht*. Anschließend wählen Sie die Schaltfläche *Anpassen*, um den Bericht zu konfigurieren.

*Abb. 103:
Anpassung des
Umsatzsteuerberichts*

Die Anpassung erfolgt hier wie bei allen bisher vorgestellten Berichten. So können Sie einen Titel, die Zeilen- und die Spaltenanzahl (*Spalte für* bzw. *Zeile für*) bestimmen. Ebenso ist es hier möglich, Buchungen nur von bestimmten Konten zuzulassen. All dies wird Ihnen inzwischen bekannt sein.

In diesem Zusammenhang ist eigentlich nur auf eine Sache hinzuweisen. Da Umsatzsteuervoranmeldungen vierteljährlich erfolgen, sollten Sie in der Listbox *Spalte für* die Option *Quartale* auswählen. Hierdurch erhalten Sie quartalsweise Zwischensummen über die Umsätze und deren Umsatzsteueranteil.

*Umsatzsteuer-
erklärung
quartalsweise*

8. Praxisbeispiel III: Schreinermeister Holz und seine Finanzen

Um Ihnen die Tauglichkeit von MS-Money auch für den geschäftlichen Bereich zu demonstrieren, möchte sich Ihnen nun Herrn Holz vorstellen. Er ist Schreinermeister und hat ein kleines Geschäft, in dem neben ihm und seiner Frau noch ein Geselle und ein Lehrling beschäftigt sind.

Herr Holz hat sich MS-Money angeschafft, damit er sich einen Überblick über die Lage seines Geschäfts verschaffen kann und nicht mehr so sehr auf seinen Steuerberater angewiesen ist.

Neben Herrn Holz soll vor allem seine Frau, die im Büro beschäftigt ist, mit MS-Money arbeiten.

Das Schreinergeschäft von Herrn Holz beschäftigt sich mit vielen Dingen. Es fängt an beim Reparieren von Stühlen und endet beim Innenausbau von Häusern. Eines steht fest: Über mangelnde Aufträge kann sich Herr Holz nicht beklagen.

Im Gegenteil: Er überlegt seit einiger Zeit, ob er die Belegschaft vergrößert oder die Maschinenausstattung in der Werkstatt modernisiert.

Um mit der Zeit zu gehen, hat sich Herr Holz jedenfalls vor einiger Zeit einen PC angeschafft und zusammen mit seiner Frau einige EDV-Kurse besucht. Aus diesem Grund sind sie auch recht fit für die Arbeit mit Windows und MS-Money.

8.1 Herr Holz zimmert sich sein MS-Money

Nachdem Herr Holz sein MS-Money auf seinem PC installiert hat, geht er auch gleich an die Arbeit. Er erlebt nun das, was Sie bereits kennen: Bevor er mit MS-Money arbeiten kann, muß er natürlich zunächst Konten anlegen.

8.1.1 Definition der erforderlichen Konten

Da Herr Holz ein sehr gewissenhafter Mensch ist, hat er sich natürlich im voraus Gedanken gemacht, welche Konten er hat und braucht, und wie er die Definition dieser Konten in MS-Money vornehmen kann.

Auf seinen Notizen sind die folgenden Konten aufgeführt, die er zunächst anzulegen hat.

- Ein *Girokonto*, auf dem alle geschäftlichen Transaktionen ablaufen. Auf seinem entsprechenden Bankkonto hat Herr Holz 8.994,89 DM im Haben stehen.

- Weiterhin benötigt er ein *Bargeldkonto*, um die Einnahmen und Ausgaben in der Kasse überwachen zu können. Aus der Kasse wird das Benzingeld für die Geschäftswagen und auch für Büroausgaben entnommen. Außerdem kommt es hin und wieder vor, daß ein Kunde kleinere Reparaturen gleich bar bezahlt. Nach einem Kassensturz stellte Herr Holz fest, daß der Kassenbestand 691,70 DM beträgt.

  Um die Werte von Werkstatt- und Büroeinrichtung ständig parat zu haben, will sich Herr Holz auch noch ein *Anlagekonto* einrichten. Hier kann er neue Investitionen eintragen.

  Über den Gesamtwert seiner Geschäftsausstattung hat Herr Holz noch keine genauen Zahlen entwickeln können. So beschließt er, bei 0 DM zu beginnen und Stück für Stück einzutragen.

- Ein *weiteres Anlagekonto* benötigt Herr Holz, um einen Überblick über seine *Außenstände* zu erhalten. Auch bei ihm kommt es leider immer wieder vor, daß Kunden nicht rechtzeitig bezahlen können oder auch wollen. In dieses Konto will er also künftig alle Rechnungen eintragen, die er verschickt.

- Da aber auch Herr Holz Rechnungen erhält, will er sich auch ein *Verbindlichkeitskonto* einrichten, auf dem alle Rechnungen z. B. von Lieferanten aufgelistet werden.

Nachdem er also sehr klare Vorstellungen über die Einrichtung von MS-Money hat, beginnt Herr Holz gleich mit der Arbeit.

Er erhält nun das Eingangsbild mit der Auswahl an Kategorien. Da das Girokonto, mit dem er hier arbeiten will, lediglich für geschäftliche Zwecke genutzt wird, wählt er die *Geschäftskategorien* aus.

Bei der Kontenart handelt es sich um ein *Bankkonto*, und er behält auch den vorgegebenen Namen bei. Den Saldo gibt er entsprechend der Kontoauszüge mit 8994,89 DM an.

Über *Liste/Kontoliste Neu* definiert Herr Holz anschließend sein Konto für die Kasse. Er wählt hier *Bargeldkonto* aus, und gibt anschließend den Saldo in Höhe von 691,70 DM ein.

Auf die gleiche Weise definiert er auch sein erstes *Anlagekonto*, das er mit Ausstattung benennt. Da er noch keinen Überblick über den Gesamtwert seiner Geschäftsausstattung hat, gibt er hier zunächst 0 DM als Saldo ein.

Ebenso geht er bei dem Konto vor, das er für die Verwaltung seiner Außenstände benutzen will. Dieses benennt er *Forderungen* und trägt ebenfalls zunächst einen Saldo von 0 DM ein.

Bei dem Konto für die Schulden bei Lieferanten, den Stadtwerken usw. legt Herr Holz ein *Verbindlichkeitskonto* an, das er mit *Verbindlichkeiten* benennt und wo er einen Saldo von 0 DM einträgt.

Damit hat Herr Holz fürs erste alle Konten definiert, die er zum Arbeiten braucht. Damit er nun beim Arbeiten nicht immer zwischen den verschiedenen Kontobüchern wechseln muß, wählt er in der Listbox *Konto* die Option *Alle Konten* aus.

Nachdem er nun mit dieser Arbeit fertig ist, läßt er sich durch Eingabe der Befehlsfolge *Liste/Kontoliste/Bericht* eine Übersicht über die von ihm erstellten Konten anzeigen. Dabei erhält er das folgende Bild.

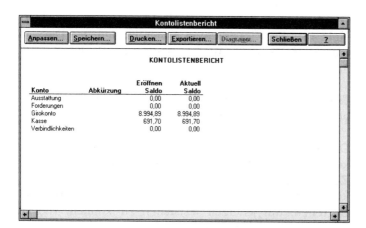

Abb. 104:
Übersicht über die definierten Konten mit Saldenangabe

8.1.2 Definition von Kunden- und Projektlisten

Um die Vorbereitungen für die Buchungen zu vollenden, beschließt Herr Holz nun auch noch *Klassifikationen* zu definieren.

Wie Ihnen bereits bekannt ist, dienen Klassifikationen zur besseren Einordnung von Buchungen. Herr Holz hat sich überlegt, daß es für seinen Betrieb sinnvoll ist, zusätzlich zu den Standardklassifikationen noch die Ergänzungen *Projekt* und *Kunde* zu wählen.

Klassifikation Projekt und Kunde

Dies geschieht über die Befehlsfolge *Liste/Andere Klassifikationen*. Dort wählt Herr Holz zunächst bei der Klassikation 1 die Schaltfläche *Neu erstellen* aus. In dem darauf erscheinenden Fenster wählt er sodann den Knopf an, welcher dem Text *Projekt* voransteht.

Durch Anklicken des entsprechenden Bereichs läßt Herr Holz für die Klassifikation Untereinträge zu. Dies ist wichtig, da es nur hierdurch möglich ist, Buchungen genau zu strukturieren.

Es erscheint daraufhin ein Fenster, in dem die Festlegung von Einträgen für die Klassifikation möglich ist.

Da Herr Holz als Klassifikation *Projekt* ausgewählt hat, könnte er hier alle Aufträge eintragen, mit denen er zur Zeit beschäftigt ist. Bei Buchungen zu diesen Aufträgen könnte er dann auf die hier vorgenommene Unterteilung zugreifen, um jederzeit feststellen zu können, welche Zahlung zu welchem Projekt erfolgt ist.

Er will sich diese Eintragungen jedoch für später vorbehalten und erstellt zunächst auf die gleiche Weise die Klassifikation 2, der er den Bereich *Kunde* zuweist.

Auf diese Weise ist es Herrn Holz jederzeit möglich, eine Kundenliste zu erstellen und bei Buchungen direkt den entsprechenden Kunden auszuwählen. Auch hier läßt Herr Holz selbstverständlich Untereinträge zu.

Nachdem die Definitionen beendet sind, finden Sie bei Herrn Holz im Menüpunkt *Liste* die Unterpunkte *Kundenliste* und *Projektliste*. Sobald er eine Änderung bzw. Ergänzung an einer dieser Listen vornehmen will, muß er einfach hier den entsprechenden Punkt auswählen.

8.1.3 Organisation der Lohnzahlungen

Nun beschäftigt Herr Holz ja auch Mitarbeiter, die Wert darauf legen, daß ihr Lohn immer pünktlich bezahlt wird. Herr Holz will es erst gar nicht darauf anlegen, einen Zahlungstermin zu vergessen und wechselt daher gleich in *Zukünftige Zahlungen*, indem er das entsprechende Symbol doppelt anklickt.

Dort trägt er die Löhne für seine Mitarbeiter ein, so daß sich folgendes Bild ergibt.

Datum	Häufigk.	Nr.	Empfänger	Zahlung	Einzahlungen
01.01.199	Monatlich		Fritz Müller, Geselle	2.500,00	
01.01.199	Monatlich		Hans Gärtner, Lehrling	760,00	
01.01.199	Monatlich		Susanne Holz, Büro	2.200,00	
01.01.199	Monatlich		Herbert Holz, Meister	4.000,00	
01.01.199	Monatlich		Finanzamt KL, Müller	700,00	
01.01.199	Monatlich		Finanzamt KL, Gärtner	200,00	
01.01.199	Monatlich		Finanzamt KL, Holz	580,00	
01.01.199	Monatlich		AOK Kaiserslautern, Müller	500,00	
01.01.199	Monatlich		AOK Kaiserslautern, Gärtner	327,98	
01.01.199	Monatlich		AOK Kaiserslautern, Holz	460,86	
01.01.199	Monatlich		Finanzamt KL, Meister	1.000,54	

*Abb. 105:
Löhne und Abgaben als
zukünftige Zahlungen*

Wie Sie sehen, hat Holz hier drei Arten von Eintragungen vorgenommen. Zunächst kommen die *Nettolöhne* für alle Mitarbeiter seiner Schreinerei. An das Finanzamt überweist er die entsprechende *Lohnsteuer*, und an die AOK gehen die *Sozialabgaben*.

Zukünftige Zahlungen

Dadurch, daß Herr Holz diese Zahlungen den zukünftigen Zahlungen zugeordnet hat, wird er immer an die Fälligkeit erinnert. Sobald die Zahlungen fällig sind, werden sie in das Kontobuch eines zu bestimmenden Kontos übertragen, wobei Herr Holz das *Girokonto* auswählen wird.

Sobald eine solche Zahlung als Buchung ins Girokontobuch übertragen wird, kann Herr Holz die Buchung modifizieren, indem er die Lohn- und Abgabenzahlungen den entsprechenden Kategorien zuweist.

Da gerade der Erste des Folgemonats vor der Tür steht, wählt Herr Holz die Befehlsfolge *Optionen/Rechnungen zahlen* und weist nun alle fälligen Zahlungen dem Girokonto zu. Anschließend gibt er zu jeder Buchung, wie oben erwähnt, die ergänzenden Bemerkungen ein.

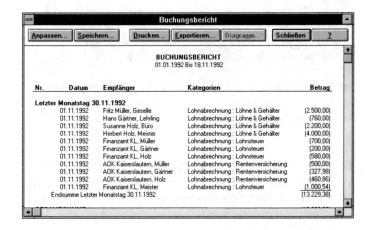

Abb. 106:
Buchungen für Löhne,
Steuern und
Sozialabgaben

Danach läßt sich Herr Holz über *Bericht/Buchungsbericht* eine Liste über die Buchungen erstellen, die er soeben getätigt hat, worauf er das obenstehende Bild erhält.

Bei Ansicht der Summe von über 13.200,- DM denkt sich Herr Holz, daß es jetzt an der Zeit wäre, das Girokonto, durch das Einbuchen von bezahlten Rechnungen wieder etwas zu verschönern.

8.2 Eingabe der Geschäftsvorgänge

Auf seinem Schreibtisch hat Herr Holz einen Stapel von Rechnungen vor sich, die er bezahlt hat, bzw. die bei ihm bezahlt wurden. Im einzelnen handelt es sich dabei um folgende Posten:

Rechnungen

Einnahmen:

```
Dachausbau Familie Klein            6804,00
+ Mwst.                              952,56

Neubauarbeiten f. Fam. Fichtel     11875,34
+ Mwst.                             1662,52

Schrank renovieren f. Frau Runge     850,00
+ Mwst.                              119,00

Spanplatte liefern f. Herrn Eicher   320,00
+ Mwst.                               44,80

Leisten anbringen f. Fam. Kolbe      390,00
+ Mwst.                               54,60

Decke verkleiden f. Fam. Müller     1200,00
+ Mwst.                              168,00

Abschlag BAU AG (Neubau Waldweg)   45000,00
+ Mwst.                             6300,00
```

Ausgaben:

Holzlieferung	16804,76
+ Mwst.	2352,67
Reparatur Sägemaschine	1200,00
+ Mwst.	168,00
Büromaterial	600,00
+ Mwst.	84,00

Gesamtsumme einschl. Umsatzsteuer verbuchen

An die Eingabe dieser Belege in MS-Money macht sich Herr Holz jetzt heran. Bei dieser Tätigkeit verbucht er die Gesamtsumme einer Zahlung unter der Kategorie *Einnahme*, d. h., er addiert die Umsatzsteuer zum eigentlichen Rechnungsbetrag hinzu.

Da Herr Holz zwei neue Klassifikationen definiert hat, warten diese nur darauf, ausgefüllt zu werden.

Bei *Kunde* trägt Herr Holz immer den Namen des Auftraggebers ein, während er das Feld *Projekt* mit einer von ihm vergebenen Auftragsnummer ausfüllt. Die entsprechenden Belege für die Aufträge verwahrt er in einem Ordner.

Am Anfang ist es so, daß MS-Money bei jedem Kunden und bei jedem Projekt nachfragt, ob der Eintrag neu angelegt werden soll.

Kundenliste erstellen

Dies ist für Herrn Holz zwar etwas mühselig, aber es ist ihm bewußt, daß er sich so eine umfangreiche Kundenliste anlegt, aus der er später nur noch auswählen muß. Insofern macht sich diese Arbeit mittelfristig schon bezahlt, es sei denn, man hat nur Laufkundschaft. Herr Holz aber ist bestrebt, sich einen möglichst großen Kreis an Stammkunden aufzubauen.

Über die Befehlsfolge *Liste/Kundenliste/Bericht* läßt sich Herr Holz nach diesen Buchungen nun eine Kundenliste anzeigen, die wie folgt aussieht.

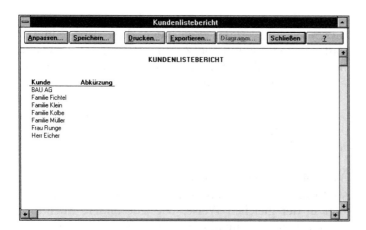

*Abb. 107:
Darstellung der
Kundenliste*

Außer den oben genannten Rechnungen, die Herr Holz gebucht hat, kommen aber auch noch einige Rechnungen, die Herr Holz nicht sofort bezahlen kann, bzw. bei denen er das Zahlungsziel voll ausnutzen möchte.

*Zahlungsziel
ausnutzen*

Beim Bürogroßhandel Herbert hat Herr Holz aufgrund der Neuausstattung seines Büros noch Verbindlichkeiten in Höhe von 23.000,- DM. Er hat zwar ausreichend Geld auf seinem Girokonto, benötigt diese Summe aber für die Neuanschaffung einer neuen Maschine.

Er entschließt sich daraufhin, seine *Verbindlichkeiten* in das eigens hierfür angelegte Konto einzutragen. Hierzu begibt er sich in das Kontobuch und wählt aus den von ihm angelegten Konten das Konto *Verbindlichkeiten* aus.

Verbindlichkeiten

Dort trägt er auf der Ausgabenseite, d. h. bei *Zunahme*, den Betrag in Höhe von 12.000,- DM an und füllt die restlichen Eingabefelder aus, um auch später noch zu wissen, wozu diese Buchung erfolgt ist.

Mit den Rechnungen, bei denen er das Zahlungsziel ausnutzen möchte, verfährt er so, daß er diese Beträge in das Blatt mit den zukünftigen Zahlungen einträgt. Er wählt hier eine einmalige Zahlung aus und gibt als Datum den letzten Zahlungstermin an.

Umgekehrt hat es Herr Holz aber auch mit dem Kunden Unwillig zu tun, der seinem Namen alle Ehre macht und dessen Zahlungsmoral dem Namen entspricht.

Forderungen

Hier geht Herr Holz so vor, daß er die Buchung in sein Konto namens *Forderungen* aufnimmt. Die Buchung erfolgt in der gleichen Weise, wie jede andere Buchung, und zwar auf der Einnahmenseite, d. h. bei *Zunahme*.

Anlagekonto
Ausstattung

In sein *Anlagekonto*, das er unter dem Namen *Ausstattung* definiert hat, gibt Herr Holz nun noch die Gegenstände ein, die zu seiner Geschäftsausstattung gehören.

Die wichtigsten Teile sind:

```
Sägemaschine    12.000,00
Fräsmaschine     8.000,00
Werkzeuge       27.000,00
Büromöbel       17.600,00
VW-Bus          19.800,00
PKW             27.800,00
```

Abschreibung

Natürlich behalten diese Gegenstände nicht den Wert, für den sie ursprünglich eingekauft wurden. Um das auszugleichen, gibt es ja das Mittel der Abschreibung. Auch Herr Holz macht selbstverständlich hiervon Gebrauch.

Nachdem er diese Werte auf der Habenseite eingetragen hat, muß er zu Beginn des folgenden Jahres auf der Sollseite (*Abnahme*, da der Wert des Gutes sinkt) Korrekturbuchungen vornehmen, indem er dort die Abschreibungsrate für das vergangene Jahr einbucht.

Nachdem er diese Tätigkeit beendet hat, sind in jedem Konto, das er definiert hat, Buchungen eingetragen. Alle Buchungen, die er in Zukunft zu tätigen hat, laufen nach dem gleichen Muster ab wie die bereits eingegebenen Buchungen. Insofern bietet dieses Thema keine weiteren interessanten Aspekte.

8.3 Neue Maschinen: Investitionen durch Kreditaufnahme

Nachdem die Sägemaschine Herrn Holz in der letzten Zeit Probleme bereitet hat und immer wieder Reparaturen erforderlich waren, entschließt sich Herr Holz zum Kauf einer neuen Sägemaschine. Bei dieser Gelegenheit entdeckt er bei einem Maschinenhersteller auch eine Furniermaschine, die er in seiner Schreinerei sehr gut gebrauchen könnte.

Da er die alte Sägemaschine in Zahlung geben kann, ergibt sich für ihn beim Neukauf der beiden Maschinen folgender Finanzbedarf.

```
Neue Sägemaschine     35.000,- DM
Furniermaschine       50.000,- DM
- Alte Sägemaschine    8.000,- DM
                     ─────────────
                      77.000,- DM
```

8.3.1 Vorbereitung der Kreditaufnahme

Nach einem Blick in das Girokontobuch weiß Herr Holz, daß er auf diesem Konto ein Guthaben von über 42.000,- DM hat. Von diesem Geld könnte er 27.000,- DM für den Maschinenkauf abzweigen. Der Restbetrag in Höhe von 50.000,- DM müßte finanziert werden.

Finanzierung

So geht Herr Holz also zu seiner Bank, um Informationen über die Kreditkonditionen einzuholen.

Bei einer Kreditsumme von 50.000,- DM und einer Laufzeit von 6 Jahren würde der Zinssatz bei 12,8 % liegen, während bei einer Laufzeit von 5 Jahren 13,4 % zu zahlen wären. Mit diesen Informationen geht Herr Holz an sein MS-Money, um den günstigeren Kredit zu ermitteln.

Welcher Kredit ist günstiger?

Durch die Auswahl der Befehlsfolge *Optionen/Kreditrechner* startet Herr Holz den Kreditrechner, um die Konditionen zu vergleichen.

Er trägt den Kreditbetrag, den Zinssatz und die Laufzeit ein, um sich die Belastung ausrechnen zu lassen, die ihm durch Tilgungs- und Zinszahlungen entstehen.

Nachdem ihm MS-Money den Betrag ausgegeben hat, wechselt er über die Schaltfläche *Bericht* in den *Tilgungsbericht*. Am Ende des Berichts steht, was im Endeffekt für den Kredit tatsächlich bezahlt werden müßte.

Nachdem Herr Holz dies mit beiden Varianten gemacht hat, erhält er folgendes Ergebnis:

	Variante 1	Variante 2
Belastung	998,44	1147,92
Endbetrag	71.887,69	68.875,14

Bei der ersten Variante ist die monatliche Belastung niedriger als bei der zweiten Variante. Dafür ist aber für den Kredit mit der kürzeren Laufzeit erheblich weniger zu zahlen. Daher beschließt Herr Holz, den Kredit mit einer Laufzeit von 5 Jahren aufzunehmen.

8.3.2 Buchung des Kredits

Nachdem er auf der Bank alles Schriftliche erledigt hat, macht er sich in seinem Büro daran, den Kredit in MS-Money einzugeben.

Abb. 108: Angaben über den Kredit für den Maschinenkauf

Hierzu wählt er die Befehlsfolge *Liste/Kreditliste Erstellen* aus und gibt die Kreditangaben ein. Hierbei geht er in der gleichen Weise vor, wie in Kapitel 7.3 bereits eingehend beschrieben.

Kreditliste erstellen

Nachdem er alle Angaben gemacht hat, neben den Kreditangaben insbesondere die Kategorien benannt hat, erhält Herr Holz ein Bild, auf dem alle seine Angaben nochmals zusammengefaßt werden.

Mit *Erstellen* wird dieser Kredit in MS-Money übernommen. Gleichzeitig wird ein Eintrag bei den *zukünftigen Zahlungen* vorgenommen.

8.3.3 Wie wirkt sich der Kredit buchungsmäßig aus?

Zwei Wochen später werden die Maschinen bei Herrn Holz angeliefert und installiert. Am Abend macht er sich nun daran, die neuen Maschinen in sein *Anlagekonto* einzutragen.

Neue Maschine ordnungsgemäß verbuchen

Zunächst aber muß er die alte Maschine aus diesem Konto entfernen und den Neukauf der Maschinen auf seinen Konten verbuchen. Würde er den Eintrag der alten Sägemaschine nur löschen, so würde er seine Buchhaltung verfälschen. Es bedarf hierzu einer ordnungsgemäßen Buchung.

Hierzu muß Herr Holz folgende Schritte durchführen:

1. Eingabe einer *Gegenbuchung* in Höhe von 12.000,- auf dem Konto *Ausstattung*. Hierdurch wird die Sägemaschine aus dem *Vermögensbestand* entfernt.

2. Eine Einzahlung in Höhe von 8.000,- DM auf dem *Girokonto* für die Inzahlungnahme der Sägemaschine.

3. Eine Einzahlung auf dem *Girokonto* in Höhe von 50.000,- DM. Auf diese Weise wird der *Kredit* eingebucht.

4. Eine Auszahlung in Höhe von 85.000,- DM auf dem *Girokonto*. Mit dieser Buchung wird der Kauf der neuen Maschinen festgehalten.
5. Eintragung der neuen Maschinen in das Konto *Ausstattung*.

Hier ist zu beachten, daß der Kaufpreis ohne Berücksichtigung der Inzahlungnahme eingetragen wird.

 Hinweis

8.3.4 Kreditüberwachung

Den aufgenommenen Kredit kann Herr Holz nun überwachen, indem er die Befehlsfolge *Bericht/Kreditbericht* auswählt.

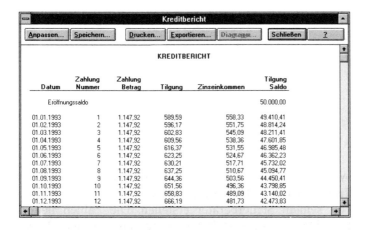

Abb. 109: Überwachung des Tilgungsplans

Hier erhält er einen genauen Überblick über den Fortlauf der Tilgung des Kredits.

Um nun genau zu sehen, welche Zahlungen bereits geleistet wurden und wie es mit dem Saldo aussieht, muß Herr Holz das *Kreditbuch* aktivieren. Wenn er anschließend die Befehlsfolge *Bericht/Buchungsbericht* auswählt, erhält er das folgende Fenster.

Abb. 110:
Der Kreditbuchungs-
bericht von Herrn Holz

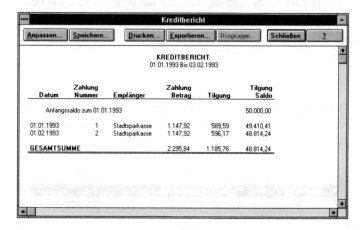

8.4 Das Finanzamt ruft: Vorbereitung der Steuererklärung

Wie jeder andere auch muß Herr Holz Steuern bezahlen. Trotz MS-Money läßt er die Steuererklärung immer noch von seinem Steuerberater erstellen. Die Zahlen liefert Herr Holz jedoch inzwischen so ab, daß der Steuerberater Zeit und er selbst Geld spart.

8.4.1 Steuerbericht

Für seine Steuererklärung muß Herr Holz einen Steuerbericht erstellen, um alle steuerlich relevanten Einnahmen und Ausgaben aus den Buchungen herauszufiltern.

Wie bereits mehrfach erwähnt, müssen hierzu auch alle entsprechenden Kategorien so ausgezeichnet sein, daß sie in den *Steuerbericht* aufgenommen werden.

Wichtig: Kategorien vormerken

Auch Herr Holz ist auf "Nummer Sicher" gegangen und hat sich über *Liste/Kategorienliste* einen Überblick über seine Kategorien verschafft. Hierbei hat er sich vergewissert, daß überall die Eintragung *In Steuerbericht aufnehmen* aktiviert ist.

Abb. 111: Ansicht des Steuerberichts

Über die Befehlsfolge *Bericht/Steuerbericht* kann Herr Holz nun eine Auflistung all seiner Einnahmen und

Ausgaben aufrufen. Die Differenz zwischen Einnahmen und Ausgaben bestimmt das zu versteuernde Einkommen.

8.4.2 Umsatzsteuerbericht

Umsatzsteuervoranmeldung

Für die Vorbereitung der Umsatzsteuervoranmeldung benötigt Herr Holz eine andere Berichtsart. Hierzu geht er den Weg über die Befehlsfolge *Bericht/Umsatzsteuerbericht*.

Abb. 112: Umsatzsteuerbericht für 1992

In diesem Bericht werden die steuerlich relevanten Einnahme- und Ausgabenkategorien gegenübergestellt und aufaddiert. Aus jeder Kategorie wird der entsprechende Steuersatz (7% oder 14%) herausgerechnet und in einer eigenen Spalte aufgelistet.

Am Ende der Aufstellung erscheint der Überschuß bzw. der Verlust und die daraus resultierende Steuerschuld. Die Zahl, die hier erscheint, kann danach in das Formular für die Umsatzsteuervoranmeldung aufgenommen werden.

Überschuß oder Verlust

Herr Holz hat sich diesen Bericht erstellen lassen, nachdem er über die Schaltfläche *Anpassen* einige Änderungen an der Standardeinstellung vorgenommen hat.

So läßt er sich beispielsweise die Kategorien anzeigen, während die Standardeinstellung darin besteht, daß lediglich der Umsatzsteuersatz angezeigt wird.

Mit Hilfe dieser Instrumente ist es Herrn Holz jetzt leichter möglich, seine Steuerangelegenheiten zu überwachen und in einer leicht weiterzuverarbeitenden Form an den Steuerberater zu leiten.

8.5 Berichte, Tabellen, Grafiken: Lohnt sich das Geschäft?

Nun kann Herr Holz mit MS-Money nicht nur seine Buchungen ausgeben, er kann ebenso die Finanzlage seiner Schreinerei mit einem Tastendruck auswerten, um festzustellen, ob sich die ganze Arbeit überhaupt lohnt.

8.5.1 Einnahmen und Ausgaben

Die einfachste Art der Bestimmung einer Finanzlage ist die sogenannte Überschußrechnung. Es handelt sich hier lediglich um das Gegenüberstellen von Einnahmen und

Überschußrechnung

Ausgaben. Überwiegen die Einnahmen, erwirtschaftet der Betrieb Gewinne. Sollte dummerweise die Ausgabenseite die stärkere sein, so macht der Betrieb eben Verluste.

MS-Money bietet hier für Herrn Holz und natürlich auch für alle anderen Anwender die Möglichkeit, eine solche Rechnung ganz schnell durchführen zu lassen.

Herr Holz wählt hierzu die Befehlsfolge *Bericht/Einnahmen und Ausgaben*.

Ein solcher Bericht, dessen Inhalte auf die Kategorietypen, d. h. Einnahmen und Ausgaben beschränkt wurden, sieht bei Herrn Holz wie folgt aus.

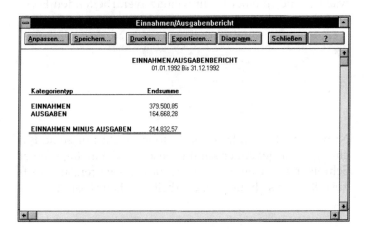

Abb. 113: Einnahmen-/Ausgabenbericht für das Geschäftsjahr 1992

Selbstverständlich kann sich Herr Holz diesen Bericht auch detaillierter anzeigen lassen. Hierzu muß er einfach in der Berichtsanpassung bei der Zeilenzahl die Option

Kategorie bzw. *Unterkategorie* auswählen. Danach wird der Bericht genau nach Kategorien aufgeschlüsselt.

8.5.2 Vermögensbericht

Diese Berichtsart wählt Herr Holz, um ein Inventar seines Betriebs zu erstellen. Dieser Bericht enthält eine Auflistung aller *Passiv-* und aller *Aktivkonten*.

Den Bericht generiert Herr Holz, indem er die Befehlsfolge *Bericht/Vermögensbericht* auswählt. Danach sind aber noch einige Anpassungen vorzunehmen.

Zunächst ist der *Stichtag der Vermögensaufstellung* anzugeben. Hierbei handelt es sich meistens um das Ende eines Geschäftsjahres. Bei Herrn Holz fällt das Ende des Geschäftsjahres auch auf das Ende des Kalenderjahres, so daß er als Stichtag den 31.12.1992 eingibt.

Anpassungen des Vermögensberichts

Im Bericht will er alle Konten sowie alle Kredite aufnehmen. Dies ist mit Sicherheit auch der Normalfall, da er nur so alle seine Aktiva und Passiva feststellen kann.

Weiterhin kann Herr Holz zwischen drei Detailstufen wählen, nämlich einer *Kontenauflistung*, einer Anzeige nach *Kontentypen* oder einer Darstellung, die lediglich in *Forderungen* und *Verbindlichkeiten* aufgeschlüsselt ist.

Herr Holz entscheidet sich hier für den goldenen Mittelweg und erhält nach dem Anklicken der Schaltfläche *Ansicht* das folgende Bild.

Abb. 114:
Vermögensbericht für die Schreinerei Holz

Abb. 115:
Grafische Darstellung der Aktiv- und Passivkonten

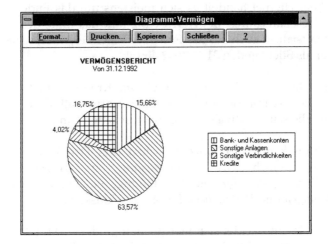

Herr Holz stellt mit Genugtuung fest, daß seine Aktivkonten bei weitem überwiegen. Da ihm das Ergebnis so gut gefällt, will er es sich zusätzlich noch in einer grafischen Darstellung anzeigen lassen.

Beim Format der Grafik wählt er eine *Tortengrafik* aus, um sich die prozentualen Verhältnisse der Aktiv- und Passivkonten darstellen zu lassen.

Grafische Darstellung

Die Auswertung dieser Grafik fällt Herrn Holz sehr leicht. Aufgrund der Anzeige der Prozentzahlen sieht er, daß sein Anlagevermögen, also seine Geschäftsausstattung zwei Drittel der gesamten Bilanzsumme ausmacht.

Seine Geldkonten haben fast das gleiche Volumen wie seine Kredite. Insofern sieht Herr Holz, daß er Eigentümer eines sehr gesunden Betriebs ist.

9. Home-Banking mit Btx

Wie bereits erwähnt, rundet die Möglichkeit über Btx mit Ihrer Bank zu kommunizieren den Funktionsumfang von MS-Money ab.

Alles, was Sie zur Nutzung dieser Funktion benötigen, wird Ihnen im folgenden Kapitel nahegebracht.

9.1 Notwendige Vorbereitungen: Modem und Btx-Konto

Die Deutsche Bundespost bietet seit einigen Jahren ein Bildschirmtextsystem an, kurz Btx genannt. Btx bietet dem Computeranwender eine Vielzahl von Informations- und Kommunikationsmöglichkeiten.

So können Sie unter anderem Waren in Versandhäusern bestellen, die aktuellen Börsenberichte abfragen oder Dienstleistungen anfordern. Weiterhin können Sie anderen Btx-Teilnehmern, die über eine eigene Btx-Nummer verfügen, Nachrichten hinterlegen oder bei der Firma Microsoft Informationen zu den einzelnen Programmen abfragen und aktuelle Druckertreiber beziehen.

Ein großes Nachschlagebuch

Der Aufbau von Btx ist mit einem großen Nachschlagebuch zu vergleichen. Die einzelnen Informationen befinden sich jeweils auf einer Bildschirmseite. Alle Seiten besitzen eine Nummer.

Durch Eingabe der entsprechenden Nummer gelangen Sie direkt auf die von Ihnen gewünschte Bildschirmseite. Ist Ihnen die Seitennummer oder das Kürzel nicht bekannt, so können Sie eine Art Inhaltsverzeichnis benutzen, in dem die Anbieter alphabetisch nach Themen geordnet zu finden sind.

Nachdem Ihre Verbindung zu Btx besteht, gelangen Sie auf Seite *0#. Dort geben Sie dann die von Ihnen gewünschte Seitenzahl ein (z. B. *33680#).

Btx und MS-Money

In MS-Money können Sie mit Btx die Dienstleistungen Ihrer Bank in Anspruch nehmen. Dazu gehören das Ausführen von Überweisungen, die Abfrage des Kontostandes und die Anforderung von Kontoauszügen.

Zunächst einmal dürfte es für Sie interessant sein zu wissen, welche Voraussetzungen erfüllt sein müssen, um mit diesem Informations- und Kommunikationssystem arbeiten zu können.

9.1.1 Ohne Modem geht nichts!

Sie benötigen als Zusatz zu Ihrem Computer ein Modem. Modems gibt es in den verschiedensten Ausführungen und Preisklassen.

Die Preise für ein Modem bewegen sich heute zwischen 190,- DM und 600,- DM und mehr.

Man unterscheidet zwischen Modem-Karten und externen Modems. Modemkarten werden in den PC eingebaut. Dies ist vor allem bei Notebooks oder Laptops von Vorteil, da sie keinen zusätzlichen Platz beanspruchen. Der Vorteil von externen Modems besteht darin, daß Sie diese problemlos zwischen verschiedenen PC austauschen können.

Die oben genannten Preisunterschiede ergeben sich aus den jeweiligen Leistungsunterschieden.

Leistungsunterschiede

- Als erstes ist die *Übertragungsrate* entscheidend, d. h., wie viele Informationen in einem bestimmten Zeitraum empfangen und gesendet werden können. Dieses Merkmal wird bei Modems in *Baud* gemessen.

  Übertragungsrate

  Dabei entspricht ein Baud einer Übertragung von 1 Bit pro Sekunde. Die handelsüblichen Modems verfügen über eine Baudrate zwischen 1200 und 9600 Baud.

- Ein weiteres Leistungsmerkmal von Modems ist, ob sie auch zum Verschicken eines *Telefax* genutzt werden können. Ist dies der Fall, so können Sie Ihre geschriebenen Texte gleich vom Computer aus über das Modem als Telefax an den Empfänger senden. Darüber hinaus sind einige Modems sogar in der Lage, Faxe zu empfangen.

  Faxen

Wenn Sie sich ein Modem anschaffen, nur um Btx zu betreiben, dann ist eine Übertragungsrate von 2400 Baud voll ausreichend, da Bildschirmtext mit nur maximal 2400 Baud übertragen wird.

Hinweis

Eine höhere Baudrate des Modems ist dann zu empfehlen, wenn Sie Ihr Modem zur Übertragung von Daten zwischen zwei PC via Telefonleitung nutzen wollen.

Dann ist eine höhere Übertragungrate von Vorteil, da Sie Zeit und Telefonkosten sparen.

So können Sie z. B. zuhause am PC arbeiten und Ihre Ergebnisse dann via Modem an Ihren Arbeitsplatz im Büro schicken.

Die Aufgabe des Modems in diesem Kommunikationssystem ist es, die zu sendende und die zu empfangende Information über das Telefonnetz jeweils umzuwandeln. Daher auch der Name, MO steht für Modulator und DEM für Demodulator.

Anschluß an die serielle Schnittstelle

Das Modem schließen Sie an einer seriellen Schnittstelle Ihres Computers an. In der Regel verfügt der Computer über zwei serielle Schnittstellen: COM 1 und COM 2. Ist dies der Fall, dann verwenden Sie COM 2, denn an COM 1 ist in der Regel bereits Ihre Maus angeschlossen, die Sie ja in Windows und MS-Money benötigen.

Sollte Ihr PC nur eine serielle Schnittstelle besitzen, so müssen Sie eben nachrüsten. Sie brauchen hierbei keine Bedenken zu haben: Große Kosten kommen mit Sicherheit nicht auf Sie zu.

Da die Anschlußmöglichkeit bei manchen Modellen abweichen kann, sollten Sie vorher nochmals in der Gebrauchsanweisung zu Ihrem PC nachschauen.

Komplizierter kann es mit dem Anschluß Ihres Modems an das Telefonnetz werden.

TAE-Telefondose

Das Telefonkabel von Modems entspricht der TAE-Norm. Viele Haushalte verfügen jedoch noch über ältere Steckverbindungen, so daß Sie zuerst in den Besitz einer TAE-Dose kommen sollten.

Diese gibt es in verschiedenen Ausführungen. Mit nur einem Hauptanschluß, mit einem zusätzlichen Nebenausgang und mit zwei zusätzlichen Nebenausgängen. Zu empfehlen ist eine TAE-Dose mit mindestens einem Nebenausgang. So sparen Sie sich das ständige Austauschen von Telefon- und Modemkabel.

Zu beachten ist, daß der Anschluß an dem Hauptausgang und dem Nebenausgang auf den ersten Blick gleich aussehen. Tatsächlich passen sie jedoch nicht.

Ob Ihr Modemkabel für Nebenausgang oder Hauptausgang vorgesehen ist, erkennen Sie daran, daß ein Nebenausgangskabel auf beiden Seiten drei Kontakte und ein Hauptausgangskabel nur insgesamt vier Kontakte besitzt. Entsprechende Kabel für Haupt- oder Nebenanschlüsse erhalten Sie im Elektrofachhandel. Achten Sie beim Kabel darauf, daß modemseitig Westernstecker verwendet werden.

Nachdem Ihr Modem angeschlossen ist, bestehen nun die physikalischen Voraussetzungen, um Btx und insbesondere das Home-Banking Ihres Kreditinstitutes zu nutzen.

9.1.2 Ohne Anmeldung bei der Post geht nichts!

Jedoch müssen Sie für die richtige Nutzung des Btx-Services Ihrer Bank zwei Bedingungen erfüllen.

Zum ersten sollten Sie sich als Btx-Benutzer bei der Telekom anmelden. Dies ist zwar mit monatlichen Gebühren verbunden, aber erst dann können Sie die vollen Dienste von Btx nutzen. Auch ist es bei vielen Geldinsti-

Anmeldung bei der Telekom

tuten Voraussetzung, als Btx-Benutzer registriert zu sein, um Home-Banking betreiben zu können.

Antragsformulare erhalten Sie bei der Telekom. Danach bekommen Sie eine eigene Kenn-Nummer. Die monatlichen Gebühren werden mit der Telefonrechnug abgebucht.

Wenn Sie nicht die Katze im Sack kaufen möchten, benutzen Sie zunächst Btx unter der Kennung "Gast". Sie können dann allerdings nicht alle Dienste in Anspruch nehmen.

Als registrierter Btx-Benutzer können Sie auch Dienstleistungen von privaten Anbietern in Anspruch nehmen. Den Preis für die Inanspruchnahme erfahren Sie auf der jeweiligen Bildschirmseite.

Einige Anbieter verlangen auch monatliche Gebühren für die Nutzung Ihrer Dienste. Wenn Sie diese Leistungen in Anspruch nehmen möchten, müssen Sie sich bei diesen Anbietern ebenfalls eintragen lassen.

9.1.3 Anmeldung bei Ihrer Hausbank

Ähnlich verhält es sich beim Home-Banking. Um diese Einrichtung nutzen zu können, müssen Sie vorher einen entsprechenden Antrag bei Ihrer Bank stellen.

Nachdem dieser Antrag bearbeitet wurde, erhalten Sie per Einschreiben eine Mitteilung, daß ein Btx-Konto eingerichtet wurde.

Weiterhin erhalten Sie noch zwei wichtige Informationen: Zum einen die persönliche Identifikationsnummer, kurz PIN und eine Liste mit Transaktionsnummern, TAN genannt.

PIN- und TAN-Nummer

Auf welchem Wege Sie diese Nummern erfahren, ist von Bank zu Bank unterschiedlich. Bei den meisten Geldinstituten sieht der Weg jedoch wie folgt aus:

- Sie erhalten die Mitteilung über die Einrichtung des Kontos und Ihre PIN per Einschreiben. Gehen Sie mit Ihrer PIN sorgsam um, denn sie weist Sie per Btx als den Besitzer des jeweiligen Kontos aus.

- Die ersten TAN müssen Sie bei der Bank abholen. TAN benötigen Sie, um Überweisungen vorzunehmen. Sie können einen TAN nur einmal verwenden. Aus diesem Grund erhalten Sie gleich eine Liste von TAN.

   Haben Sie Ihre TAN aufgebraucht, so können Sie später per Btx neue Transaktionsnummern anfordern. Beachten Sie aber, das Sie für die Anforderung eine gültige TAN benötigen. Sind Sie im Besitz der neuen TANs, so werden noch vorhandene TAN ungültig.

Wenn Sie also später eine Überweisung per Btx vornehmen möchten, benötigen Sie neben Ihrer zur Kontonummer passenden PIN eine gültige TAN.

Generell sind nur Überweisungen auf andere Konten möglich. Sie können keine Einzahlung von anderen Konten auf Ihr eigenes Konto veranlassen.

Sollten Sie mehrere Konten über Btx verwalten wollen, so haben Sie in der Regel für jedes Konto eine eigene PIN.

Home-Banking mit Btx

Für Kontostandsabfragen und Anforderung von Kontoauszügen benötigen Sie keine Transaktionsnummer.

PIN und TAN schützen Sie vor dem Mißbrauch Ihres Kontos durch andere Personen. Gehen Sie damit genauso sorgfältig um wie mit der Geheimnummer Ihrer Scheckkarte.

Sollte nämlich jemand Mißbrauch mit Ihren PIN und TAN betreiben, so haftet die Bank nicht für Ihren Schaden.

Vorteil von Home-Banking

Der große Vorteil von Home-Banking besteht darin, daß Ihnen fast rund um die Uhr und auch an Sonn- und Feiertagen die Dienstleistungen Ihrer Bank zur Verfügung stehen.

 Hinweis

Über die Gebühren für Überweisungen erkundigen Sie sich am besten bei Ihrer Bank. Einige Geldinstitute bieten eine Btx-Überweisung zu günstigeren Tarifen an als eine herkömmliche Überweisung.

MS-Money ermöglicht es Ihnen, daß Anweisungen an Ihre Bank direkt weitergeleitet werden. Sie ersparen sich somit das Durcharbeiten vieler Btx-Seiten, bevor Sie endlich an Ihr Konto kommen.

9.2 Einstellungen für Btx und das Einrichten des Btx-Kontos

Wenn Sie den Menüpunkt *Btx* aufrufen, wird Ihnen auffallen, daß Sie nur die Befehle *Einstellungen* und *Konto einrichten* aktivieren können.

Sie müssen also zuerst Ihr Modem konfigurieren und die notwendigen Daten für Ihr Konto eingeben. Bevor Sie diese Eingaben vornehmen, vergewissern Sie sich, daß das Girokonto, für das Sie Btx vorgesehen haben, auch geladen ist.

Um nun Ihr Modem zu konfigurieren, aktivieren Sie über die Menüleiste die Befehlsfolge *Btx/Einstellungen*.

Modem konfigurieren

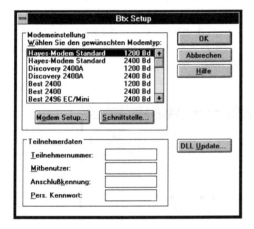

Abb. 116: Einstellung des Modems

In der hier erscheinenden Listbox wählen Sie nun das Modell aus, das Sie als Modem benutzen.

Sollte Ihr Modem nicht aufgelistet sein, so entnehmen Sie der Gebrauchsanweisung für Ihr Modem einen entsprechenden kompatiblen Typ.

Verwendetes Modem auswählen

Sollten Sie keine Informationen über kompatible Geräte erhalten, wählen Sie den Hayes Modem-Standard mit der entsprechenden Baudrate. Diese Option funktioniert immer.

•◀◀ Tip

Schnittstelle wählen

Danach betätigen Sie die Schaltfläche *Schnittstelle*. Hier legen Sie fest, an welcher seriellen Schnittstelle Ihr Modem angeschlossen ist.

Wählen Sie also COM2 aus, wenn Ihre Maus an COM1 angeschlossen ist. Die Angaben zur *I/O Adresse* und *IRQ* sollten Sie keinesfalls verändern. Danach bestätigen Sie die Eingaben mit der Schaltfläche *OK*.

Als nächstes wählen Sie die Schaltfläche *Setup*.

Praxis

Im vorliegenden Beispiel erfolgt das Setup des Modems für den Gebrauch eines Gerätes, das sich zum Hayes-Modem kompatibel verhält.

Abb. 117:
Modem-Setup

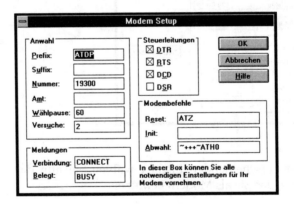

Zu den einzelnen Punkten dieses Fensters sind folgende Anmerkungen zu machen:

Präfix

Hier wird der Befehl zum Wählen eingegeben. AT steht für Dialogbefehl bei Hayes-Modems. DP ist dann der eigentliche Wählbefehl und steht für Pulswahlverfahren. Sollten Sie bereits über eine Mehrfrequenz-Leitung verfügen, so müßten Sie diese Vorgabe in ADDT für Tonwahlverfahren ändern.

Suffix

Diese Option lassen Sie im Normalfall frei. Eventuelle Eintragungen entnehmen Sie Ihrem Modemhandbuch.

Nummer

Hier geben Sie die Telefonnummer Ihres nächstgelegenen Btx-Anschlusses ein.

Für Btx mit einer Übertragungsrate von 1200 Baud benötigen Sie die Nummer 19300. Möchten Sie eine Leitung mit 2400 Baud benutzen, dann wählen Sie 19304.

Eine 2400 Baudleitung ist jedoch nicht in allen Ortsnetzen der Telekom vorhanden. Entweder wählen Sie die nächstgelegene Verbindung an und ergänzen die Telefonnummer durch die entsprechende Vorwahl oder Sie begnügen sich mit einer Übertragungsrate von 1200 Baud.

Amt

Falls Sie eine Vorwahl benötigen, um eine Amtsleitung zu erhalten, dann geben Sie diese hier ein.

Wählpause

Hier ist eine Pause von 60 Sekunden bereits schon vorgegeben. Dies bedeutet, daß z. B. nach einem vergeblichen Wählversuch 60 Sekunden gewartet wird, bis ein neuer Versuch gestartet wird. Sie können diese Zeit hier durch eine entsprechende Eingabe verkürzen oder verlängern.

Versuche

Hier ist die Anzahl der Anwählversuche angegeben, die automatisch durchgeführt werden sollen, um Anschluß an Btx zu bekommen.

Meldungen

Die Vorgaben *Connect* und *Busy* sollten Sie auf keinen Fall verändern. Sie bewirken, daß Sie eine entsprechende Meldung erhalten, wenn Sie einen Anschluß haben oder wenn die Leitung belegt sein sollte.

Steuerleitungen

Auch hier sollten Sie die Vorgaben so übernehmen, außer wenn Ihr Modemhandbuch ausdrücklich auf eine andere Wahl hinweist.

Diese Schnittstellensignale werden an das Modem gesendet:

```
DTR    Data Terminal Ready
RTS    Request to send
DCD    Data Carrier Detect
DSR    Data set ready (nicht aktiv)
```

Reset

Dieser Befehl setzt Ihr Modem in den Ausgangszustand zurück. Vorgegeben ist bereits ATZ. Z steht für Normalbetrieb.

Init

In einigen Fällen müssen Initialisierungen des Modems vorgenommen werden.

Viele Modems arbeiten standardmäßig mit einem MNP-Protokoll. Dieses Protokoll sorgt dafür, daß Daten komprimiert und sicher übertragen werden. Jedoch können Sie mit diesem Protokoll nicht Btx benutzen. Sie müssen dieses Protokoll für Ihr Home-Banking mit dem Befehl AT/N1 deaktivieren.

Abwahl

Der vorgegebene Befehl veranlaßt das Modem, die Leitung zu unterbrechen. Diese Vorgabe muß nicht geändert werden.

Nach der letzten Eintragung kehren Sie über *OK* wieder zum Btx-Setup-Fenster zurück und tragen dort Ihre Teilnehmerdaten ein.

Wenn Sie kein eingetragener Btx-Teilnehmer sind, lassen Sie zunächst alle Optionen frei.

Sollten Sie bereits registriert sein, so nehmen Sie folgende Einträge vor:

Teilnehmernummer

Geben Sie hier Ihre Telefonnummer einschließlich der Vorwahl ein. Es muß die Telefonnummer sein, für die Sie Ihren Antrag gestellt haben.

Mitbenutzer

Wenn Sie unter Ihrer Telefonnummer noch weitere Btx-Benutzer angemeldet haben, dann muß die entsprechende Mitbenutzernummer eingegeben werden. Haben Sie keine Mitbenutzer, dann ist der Eintrag 0001.

Anschlußkennung

Gefordert ist hier die Anschlußkennung, die Sie nach der Anmeldung von der Telekom erhalten.

Pers. Kennwort

Tragen Sie hier Ihr persönliches Kennwort ein. Dieses Kennwort können Sie ändern. Es sollte jedoch aus Sicherheitsgründen keine einfache Kombination sein, wie zum Beispiel "1234". Das Kennwort muß mindestens 4 Zeichen lang sein, und darf maximal 8 Zeichen lang sein.

Wenn Sie eine Änderung Ihres persönlichen Kennwortes vornehmen, müssen Sie dies über MS-Money vornehmen. Ansonsten ist MS-Money nicht mehr in der Lage, für Sie die Verbindung zu Ihrem Bankrechner aufzubauen.

Nach diesen Eingaben schließen Sie das Fenster mit der Schaltfläche OK und nehmen im Anschluß daran die Eintragungen für das Konto vor.

Dies geschieht über den Menüpunkt *Btx-Konto einrichten*.

In diesem Auswahlfenster geben Sie zunächst Ihre Bankverbindung an. MS-Money stellt schon die Daten von zehn Geldinstituten zur Verfügung. Ist Ihre Bank dabei, so haben Sie es einfach. Sie müssen nun einfach den entsprechenden Eintrag auswählen.

Im Lieferumfang von MS-Money befindet sich eine Datei namens SCRIPTF.INI. In dieser Datei sind alle Schritte für die oben genannten zehn Banken festgehalten, um die jeweiligen Vorgänge auszuführen. Diese wird bei Auswahl einer der oben genannten Banken von MS-Money gelesen.

Btx-Zugang automatisieren

Die in dieser Datei vorgegebenen Zugangsseiten ermöglichen bei den Banken, die über zwei getrennte Zugangsseiten für Privat- und Geschäftskonten verfügen, nur den Zugang zu den privaten Konten.

Abb. 118: Btx-Konto einrichten

Ist Ihr Geldinstitut nicht aufgeführt, so tragen Sie es selbst in das Textfeld ein. Zusätzlich müssen Sie noch die *Bankleitzahl* und Ihre *Kontonummer* eingeben.

Sie fahren fort, indem Sie die Schaltfläche *Setup* anklicken. Ihr Konto ist jetzt eingerichtet.

Die Mühe hat aber damit noch kein Ende, d. h., Sie müssen nun im weiteren Verlauf noch einige Angaben machen.

PIN eingeben

Als nächstes werden Sie nach Ihrer PIN gefragt. Geben Sie Ihre PIN ein.

Im Anschluß werden Sie ein zweites Mal danach gefragt, um Fehleingaben zu vermeiden.

Haben Sie Ihre PIN korrekt eingegeben, so erhalten Sie die Meldung *PIN wurde geändert*.

Im Anschluß daran haben Sie die Möglichkeit, Transaktionsnummern für Ihre Überweisungen einzugeben. Sie übertragen hier einfach die notwendige Anzahl von TANs aus Ihrer Liste, die Sie von Ihrer Bank erhalten haben.

Tragen Sie nur soviele TANs ein, wie Sie im Moment gerade benötigen. Lassen Sie beim Verlassen von MS-Money keine gültigen TANs in dieser Liste stehen. Wenn Sie also nur eine Überweisung vornehmen möchten, dann tragen Sie hier nur eine TAN ein und betätigen die Schaltfläche *Hinzufügen*. Anschließend wählen Sie die Schaltfläche *OK*.

Lernmodus zum Üben

Sollten Sie noch nicht über ein Btx-Konto bei Ihrer Bank verfügen, so können Sie dennoch mit einem Testkonto die Arbeitsweise von Home-Banking kennenlernen. MS-Money verfügt über einen Lernmodus, in dem Sie durch die einzelnen Arbeitsschritte geführt werden.

Haben Sie z. B. bei der Einrichtung des Btx-Kontos einen Banknamen eingegeben, der nicht aufgelistet ist, dann geraten Sie, nachdem Sie die Schaltfläche *Setup* angeklickt haben, automatisch in den Btx-Lernmodus. Dieser Lernmodus erleichtert Ihnen den ersten Einstieg in die Kontoführung mit Btx. Die Post stellt zu Testzwecken ein Konto zur Verfügung. Um es zu benutzen, müssen Sie bei der Kontoeinrichtung folgende Einträge vornehmen:

Bankname:
Ein nicht aufgelisteter Name z. B. HAUSBANK.

Kontonummer:
999999999

BLZ:
Eine gültige BLZ z. B. 54050110.

PIN:
111111

TAN:
111111

Möchten Sie zu Testzwecken ein Konto von Ihrem Geldinstitut wählen, dann fragen Sie bei Ihrer Bank nach. Jede Bank, die Btx anbietet, verfügt auch über ein Testkonto. Haben Sie bei den Angaben zu Ihrer Bankverbindung einen Fehler gemacht, dann betätigen Sie die Schaltfläche *Löschen*. Sie werden in einem Fenster darauf hingewiesen, daß eingetragene Buchungen nicht überwiesen werden. Diese Meldung können Sie zu diesem Zeitpunkt getrost bestätigen, da Sie ja noch keine Überweisungen vorgenommen haben.

9.3 Der Lernmodus

Wie bereits oben erwähnt, geraten Sie, nachdem Sie einen nicht aufgeführten Banknamen eingegeben haben, in den Lernmodus.

Der Lernmodus verfolgt zwei Ziele:

- Zum einen lernen Sie das Btx-Angebot Ihrer Hausbank kennen und

- zum anderen werden die Vorgehensweisen von Btx in einer Datei aufgezeichnet.

Haben Sie also schon einmal den kompletten Lernmodus durchgearbeitet, dann steht Ihnen der direkte Weg zu Ihrer Hausbank zur Verfügung, ebenso wie bei den bereits von MS-Money aufgelisteten Banken.

Abb. 119:
Der Lernmodus

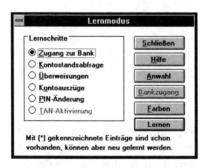

Da jedes Geldinstitut seine Btx-Seiten unterschiedlich aufbaut, ist es nicht möglich, hier im einzelnen den Weg zu beschreiben.

Eine große Hilfe sind jedoch die Broschüren über Btx von Ihrem Geldinstitut. Darin wird auch der Btx-Service Ihrer Bank genau beschrieben.

Hinweis

Im linken Bereich des Lernmodus-Fensters befinden sich die einzelnen Lernschritte, die Sie der Reihe nach durcharbeiten können.

Als erste Option wählen Sie *Zugang zur Bank* und betätigen danach die Schaltfläche *Anwahl*. Damit veranlassen Sie MS-Money entsprechend der gemachten Modemeinstellungen, Btx anzuwählen.

Sie gelangen dann auf die Seite *0# von Btx. Wenn Sie dort angelangt sind, betätigen Sie im Lernmodus-Fenster die Schaltfläche *Lernen*.

Anschließend öffnet sich ein neues Fenster. In dieses geben Sie die Seitenzahl *postgiro# in die feste Texteingabe für das Postgirokonto ein und übersenden diesen Befehl durch Betätigen der Schaltfläche *Senden*.

Danach erscheint eine Bildschirmseite mit den einzelnen Postgiroämtern. Wählen Sie ein beliebiges aus, indem Sie die dazugehörige Nummer in Ihr Textfeld eingeben und *Senden* anklicken.

Anschließend befinden Sie sich auf der Zugangsseite des ausgewählten Postgiroamts.

Hier müssen Sie nun Ihre Kontonummer eingeben, indem Sie das Optionsfeld *Kontonummer* aktivieren und anschließend wieder *Senden* betätigen.

Auch die geforderte *PIN* geben Sie auf dem gleichen Weg über das Optionsfeld ein und bestätigen dies mit *Senden*.

In beiden Fällen werden Sie nach der Vollständigkeit Ihrer Eingaben gefragt, was Sie mit *OK* bestätigen können, vorausgesetzt Sie haben auch alles vollständig eingegeben.

Der Bankrechner erwartet nun, daß Sie aus dem Menü eine Auswahl vornehmen.

Hier geben Sie jedoch nur # ein und bestätigen dies mit *Senden*.

Sie müssen nun noch Ihre Eingabe bestätigen, indem Sie *19* für ja eingeben und erneut *Senden* aktivieren.

Die nachfolgende Fehlermeldung können Sie ignorieren.

Sie sind nun an der Stelle, an der Sie in Zukunft durch Aktivieren der Schaltfläche *Bankzugang* automatisch ankommen möchten.

Bildschirmseite markieren

Um dies festzuhalten, müssen Sie einen Teilbereich dieser Bildschirmseite markieren. Dazu aktivieren Sie die Schaltfläche *Korrekt*.

Nun erscheinen drei Eingabefelder. In das erste geben Sie die Zeile, in das zweite die Spalte und in das dritte Feld die Länge des zu markierenden Bereichs ein.

Hinweis

Sie können hierbei eine beliebige Stelle markieren. Achten Sie jedoch darauf, daß Sie keinen Text markieren, der sich verändern kann, wie z. B. das Datum.

Danach wählen Sie *OK* und bestätigen alle Sicherheitsabfragen mit *Ja*.

In das Lernmodus-Fenster zurückgekehrt, testen Sie Ihre Aufzeichnung durch Aktivieren der Schaltfläche *Bankzugang*.

Verläuft das Anmelden fehlerfrei, können Sie von dort ausgehend die Aufzeichnungen im Lernmodus nach dem gleichen Schema fortsetzen.

9.4 Den Kontostand abfragen und Kontoauszüge anfordern

Haben Sie nun direkten Zugang zu Ihrem Btx-Konto, ohne den Lernmodus zu benutzen, dann können Sie direkt über den Menüpunkt *Btx/Kontostandsabfrage* Ihren momentanen Kontostand in Erfahrung bringen.

MS-Money wählt direkt den Bankrechner an und greift auf Ihr Konto zu. Für diesen Vorgang benötigen Sie keine TAN.

Wenn Sie Kontoauszüge möchten, dann aktivieren Sie den Menüpunkt *Btx/Kontoauszüge*.

Es erscheint ein Eingabefenster, in dem Sie den Zeitpunkt angeben können, ab wann die Kontoauszüge übermittelt werden sollen.

MS-Money schlägt Ihnen immer das letzte Datum einer Abfrage der Kontoauszüge vor. Sie können dies einfach bestätigen.

Daraufhin wird automatisch der Kontakt über Btx zu Ihrer Bank hergestellt, und Sie erhalten Ihre gewünschte Information.

9.5 Überweisungen durchführen

Um Überweisungen über Btx vorzunehmen, gehen Sie wie folgt vor:

Sie tragen den Buchungsvorgang in Ihrem Konto ein. In der Spalte *Nr.* schreiben Sie *Btx*.

Hinweis Dieser Eintrag wird von MS-Money nur akzeptiert, wenn es sich um ein Girokonto handelt und dieses als Btx-Konto eingerichtet ist.

Möchten Sie mehrere Überweisungen tätigen, so tragen Sie diese nacheinander ein. Der Eintrag *Btx* wird von MS-Money für die nachfolgenden Überweisungen automatisch vorgenommen.

Nach jeder Überweisung werden Sie nach der Kontonummer und der BLZ gefragt. Geben Sie diese ein und fahren mit der Schaltfläche *Eingeben* fort.

Abb. 120: Kontonummer und BLZ des Empfängers

Wenn Sie Ihre Einträge beendet haben, aktivieren Sie den Menüpunkt *Btx/Überweisungen*. Daraufhin erscheint ein Eingabefenster mit dem Titel *Zahlungen senden*. Hier wird

Ihnen die Anzahl der zu sendenden Überweisungen angezeigt und der Gesamtbetrag. Weiterhin können Sie feststellen, wie viele TANs Sie noch besitzen.

Mit den darunter befindlichen Optionsfeldern können Sie angeben, ob Sie alle anstehenden Zahlungen überweisen möchten oder nur einen Teil davon.

Zu sendende Zahlungen müssen Sie dann wählen, wenn Sie nicht mehr über eine genügende Anzahl von TANs verfügen.

Wenn Sie noch über weitere TANs verfügen und diese nur nicht in MS-Money in die TAN-Liste eingetragen haben, verlassen Sie dieses Fenster und gehen über den Menüpunkt *Btx/Konto einrichten* auf die Schaltfläche *TANs hinzufügen*. Dort tragen Sie die weiteren TANs ein.

Abb. 121: Zahlung senden

Besitzen Sie noch genügend TANs, so können Sie die Überweisungen vornehmen, indem Sie die Schaltfläche *Senden* aktivieren. Daraufhin wird die Verbindung zur Bank aufgebaut und die Überweisungen vorgenommen.

Wählen Sie hingegen *Zu sendende Zahlungen* aus, so erscheint ein neues Fenster, in dem nochmals alle zu tätigenden Zahlungen aufgelistet sind.

Hier wählen Sie durch Anklicken mit der Maus die entsprechenden Überweisungen aus. Wenn Sie eine Auswahl getroffen haben, erscheint unterhalb der Listbox die Gesamtsumme der ausgewählten Überweisungen.

Haben Sie Ihre Wahl getroffen, betätigen Sie *OK* und Sie gelangen wieder in das vorangegangene Fenster *Zahlungen senden*.

Dort aktivieren Sie den Überweisungsvorgang mit der Schaltfläche *Senden*.

Abb. 122:
Zahlungen auswählen

Wurden die Überweisungen erfolgreich durchgeführt, so wird in der Spalte *Nr.* der Eintrag *Btx* in *BtxOk* umgewandelt.

Der Empfänger wird, falls noch nicht geschehen, in die Empfängerliste aufgenommen. Dies geschieht einschließlich seiner Kontonummer und BLZ.

Bei einer zukünftigen Überweisung an diesen Empfänger ist es nun nicht mehr nötig, die Kontonummer und die Bankleitzahl anzugeben. Sollte sich die Bankverbindung des Empfängers ändern, so nehmen Sie die notwendigen Änderungen über *Liste/Empfängerliste* vor.

Auch kann es effektiver sein, wenn Sie schon beim Anlegen Ihres Kontos in MS-Money gleich alle in Frage kommenden Empfänger einschließlich ihrer Bankverbindung in die Empfängerliste eintragen.

Dadurch ist das Eintragen von Überweisungen zügiger durchzuführen, da Sie nicht mehr nach der Bankverbindung des Empfängers gefragt werden.

Sollten Sie Überweisungen eingetragen, diese aber noch nicht ausgeführt haben, so werden Sie beim Verlassen von MS-Money nochmals daran erinnert, daß Sie noch Überweisungen vornehmen wollten. Ebenso werden Sie beim Starten von MS-Money daran erinnert, falls Zahlungen fällig sind.

- An dieser Stelle nochmals ein Hinweis zur Sicherheit. Wenn Sie während des Arbeitens mit MS-Money bereits eine Überweisung vorgenommen haben, brauchen Sie für weitere Banktätigkeiten nicht mehr Ihre PIN einzugeben.

- Haben Sie dann auch noch zusätzlich gültige TANs auf Vorrat eingegeben, sollten Sie darauf achten, daß niemand unbefugten Zugang zu Ihrem Rechner hat.

Wenn Sie also Ihren PC verlassen müssen, beenden Sie entweder das Arbeiten mit Money oder verwenden Sie einen zusätzlichen Paßwortschutz, der Ihr Konto vor unberechtigtem Zugriff schützt.

Teil IV

Tips & Tricks zu MS-Money

In diesem letzten Teil erfahren Sie, wie MS-Money mit anderen Programmen zusammmenarbeitet. Der Im- und Export von Dateien nach bzw. von Windows- und DOS-Programmen wird zunächst behandelt. Kapitel 11 gibt Ihnen eine Schnellübersicht über spezielle Arbeiten mit MS-Money.

10. Zusammenarbeit mit anderen Programmen

MS-Money bietet Ihnen verschiedene Möglichkeiten, Daten von Ihren MS-Money-Konten für andere Programme bereitzustellen.

Bei *Berichten* haben Sie immer die Möglichkeit, Ihren Bericht in eine Datei zu speichern. Dies erfolgt durch das Betätigen der Schaltfläche *Exportieren*. Diese Datei kann danach problemlos von anderen Programmen eingelesen werden.

Die Datei ist im ANSI-Zeichensatz geschrieben, d. h., die einzelnen Spalten sind durch Tabulatoren getrennt.

Dateien im ANSI-Zeichensatz

In diesem Kapitel werden Sie beschrieben finden, wie der Datenaustausch zwischem MS-Money auf der einen Seite und Windows- bzw. DOS-Anwendungen auf der anderen Seite aussehen könnte.

10.1 Zusammenarbeit mit anderen Windows-Anwendungen

Unter dem Menüpunkt *Datei* befindet sich bei MS-Money der Befehl *Exportieren*. Hier können Sie Ihre MS-Money-Datei im *Qif-Format* abspeichern. Dieses Format ist ohne weitere Bedeutung, da es nur zum Austausch von Dateien mit einem Programm namens *Quicken* dient. Dieses Programm wird jedoch ausschließlich in den USA vertrieben.

MS-Money bietet Ihnen jedoch genügend andere Möglichkeiten, um Daten aus Ihrer Finanzplanung in Ihre anderen Anwendungsprogramme zu bringen.

Im folgenden Absatz wird Ihnen die Vorgehensweise bei zwei verbreiteten Windows-Anwendungen vorgestellt.

Natürlich können nicht alle Programme unter Windows angesprochen werden, doch können Sie sicher sein, daß die Vorgehensweise auch bei anderen Anwendungen im wesentlichen die gleiche sein wird.

10.1.1 Übernahme von MS-Money-Daten in Microsoft-Excel

Um Daten aus MS-Money eingehend auszuwerten oder um bessere Grafiken zu erstellen, macht es Sinn, einen Bericht in Excel zu übernehmen.

Bericht exportieren

Um einen Bericht in Excel zu exportieren, gehen Sie folgendermaßen vor:

- Erstellen Sie den Bericht.

- Betätigen Sie die Schaltfläche *Exportieren*. Danach erscheint ein Fenster, in das Sie den Namen der Exportdatei eingeben.

- Bevor Sie den Dateinamen eingeben, wählen Sie in der rechten Listbox das Verzeichnis aus, in das Sie diese Datei ablegen möchten. Wenn Sie Ihre Datei in das Verzeichnis EXCEL legen wollen, müssen Sie zuerst C:\ doppelt anklicken. Damit gelangen Sie in das Hauptverzeichnis. Erst jetzt ist der Verzeichnisname EXCEL in der Listbox aufgeführt.

Wählen Sie das Verzeichnis durch doppeltes Anklicken mit der Maus aus.

Abb. 123: Exportieren von Berichten

- Tragen Sie in das linke obere Textfeld den Dateinamen ein (z. B. TEST).
- Anschließend betätigen Sie die Schaltfläche *OK*. Im Verzeichnis EXCEL existiert nun eine Datei namens TEST.TXT
- Wechseln Sie durch Betätigen der Tastenkombination [Strg]+[Esc] zur Taskliste. Aktivieren Sie dort den Programm-Manager.
- Im Programm-Manager angekommen klicken Sie das Symbol für Excel doppelt an. Damit starten Sie diese Anwendung.
- In Excel öffnen Sie Ihre soeben erstellte Datei mit der Befehlsfolge *Datei/Öffnen*. Wählen Sie in diesem Fen-

ster aus der Auswahlliste *Dateiformat* die Option *Text-Dateien(*.Txt)* und klicken die Schaltfläche *OK* an.

Danach ist Ihr Bericht aus MS-Money in Excel als Tabelle geladen. Sie können diese Tabelle hier ohne Probleme weiterbearbeiten.

Hinweis

Beachten Sie bitte, daß Werte aus Berechnungen, wie z. B. Summen, nicht als Formeln, sondern als absolute Zahlen übernommen werden.

Grafik exportieren

Möchten Sie eine Grafik, die Sie in MS-Money erstellt haben, nach Excel exportieren, so bleibt Ihnen nur der Weg über die *Zwischenablage*.

Dabei gehen Sie folgendermaßen vor:

- Klicken Sie die Schaltfläche *Kopieren* in Ihrem Grafikfenster von MS-Money an. Dadurch wird die Grafik in die Zwischenablage von Windows kopiert.

- Der nächste Schritt besteht darin, daß Sie auf die oben geschilderte Weise Ihre Anwendung Excel starten.

- In der Excel-Datei, mit der Sie gerade arbeiten, bewegen Sie sich mit dem Cursor an die Stelle, an der Sie die Grafik einfügen wollen.

Dort aktivieren Sie den Menüpunkt *Bearbeiten/Einfügen*. Dieser Befehl bewirkt, daß Ihre Grafik aus der Zwischenablage in Ihre Excel-Tabelle eingefügt wird.

10.1.2 Übernahme von Daten aus MS-Money in Word für Windows

Auch in Word für Windows können Sie exportierte Berichte von MS-Money weiterbearbeiten.

- Zuerst erstellen Sie Ihren Bericht (z. B. *Einnahmen/Ausgabenbericht*) in MS-Money. Danach klicken Sie die Schaltfläche *Exportieren* in Ihrem Bericht an.

  Bericht exportieren

- Im rechten Bereich des Fensters wählen Sie das Verzeichnis aus, in dem Ihre Dateien für WinWord untergebracht sind.

- Anschließend tragen Sie den Dateinamen in das Textfeld ein.

  Wenn Sie den Text in Word für Windows leichter finden möchten, dann geben Sie hier außer dem Dateinamen auch die Endung .DOC ein. Möglich wäre z. B. WINTEST.DOC. Danach betätigen Sie die Schaltfläche *OK* und wechseln nach Word für Windows.

  Haben Sie bereits Ihre Textverarbeitung geladen, dann können Sie direkt mit `Alt`+`Tab` oder über die Taskliste dorthin wechseln. Ansonsten rufen Sie Word für Windows aus dem Programm-Manager heraus auf.

- In Word für Windows aktivieren Sie in der Menüleiste *Datei/Öffnen*. Mit Doppelklick auf den Dateiname laden Sie Ihren Text.

Da Sie bei normalformatierten Texten in Word für Windows immer mit Standard-Tabulatoren arbeiten, sieht die importierte Tabelle etwas unschön aus. Dies können Sie dadurch ändern, daß Sie im Zeilenlineal von Word für

Windows einen rechts ausgerichteten Tabulator setzen, der einen größeren Abstand zum Text hat.

Die Zahlenspalte in Ihrem Bericht wird nun unterhalb des Tabulators rechtsbündig ausgerichtet.

Die Standard-Tabulatoren zwischen Zeilenanfang und dem Rechts-Tabulator werden automatisch gelöscht. Der Text ist nunmehr sauber in zwei Spalten aufgeteilt.

Grafiken exportieren

Wenn Sie Grafiken aus MS-Money in Word für Windows einbinden wollen,

- Erstellen Sie in MS-Money zuerst die Grafik und betätigen im Anschluß die Schaltfläche *Kopieren*.

  Die Grafik wird nun in die Zwischenablage von Windows kopiert.

- Sie wechseln nach Word für Windows. Dort gehen Sie an die Stelle in Ihrem Text, wo Sie Ihre Grafik positionieren möchten und betätigen in der Menüleiste *Bearbeiten/Einfügen*. Das Bild wird an der entsprechenden Stelle eingefügt.

Alternative Grafikeinbindung

Eine andere Möglichkeit, Grafiken von MS-Money in Word für Windows zu integrieren, besteht darin, daß Sie wie oben beschrieben, die Grafik erstellen und die Schaltfläche *Kopieren* betätigen.

Im Anschluß daran wechseln Sie dann aber nicht nach Word für Windows, sondern zuerst in den Programm-Manager. Dort rufen Sie im Fenster *Hauptgruppe* die Zwischenablage auf.

Sie sehen im Fenster der Zwischenablage Ihre kopierte Grafik. In der Zwischenablage aktivieren Sie in der Menüleiste *Datei/Speichern* und geben als Dateiname z. B. GRAFIK1 ein.

Damit können Sie den Inhalt der Zwischenablage in eine Datei speichern.

Grafik über Zwischenablage in Datei speichern

In Word für Windows binden Sie diese Grafik dann durch Anklicken von *Einfügen Grafik* in Ihren Text ein. Der Vorteil bei diesem Verfahren, eine Grafik einzubinden, besteht darin, daß Sie Ihre Grafik mehrmals in verschiedenen Texten einbinden können.

Auch ist es auf diese Weise noch zu einem späteren Zeitpunkt möglich, eine in MS-Money erstellte Grafik in Word für Windows einzubinden.

10.2 Export von Daten aus MS-Money in DOS-Programme

Bei Berichten aus MS-Money ist der ANSI-Zeichensatz zu beachten, d. h., Umlaute und "ß" werden in Textverarbeitungsprogrammen unter DOS nicht richtig dargestellt.

Dies liegt daran, daß diese Programme mit dem ASCII-Zeichensatz arbeiten, während Windows-Anwendungen mit dem ANSI-Zeichensatz arbeiten.

ASCII-Zeichensatz unter DOS

Zusammenarbeit mit anderen Programmen

10.2.1 Übernahme von Berichten nach Word 5.0

Word 5.0 ist beispielsweise eine DOS-Textverarbeitung, in die Sie Berichte aus MS-Money übernehmen können.

Haben Sie einen *Einnahmen/Ausgabenbericht* in MS-Money angefertigt, dann wählen Sie im Berichtsgenerator die Schaltfläche *Exportieren*.

Danach wählen Sie in der rechten Listbox des Fensters das Verzeichnis aus, in das Sie die Datei exportieren wollen.

Möchten Sie z. B. Ihre Exportdatei in das Verzeichnis WORD5 ablegen, so wechseln Sie mit einem Doppelklick auf "C:\" in das Hauptverzeichnis und anschließend durch Doppelklick in das Verzeichnis WORD5 in das Zielverzeichnis.

Als nächstes geben Sie dann den Dateinamen ein (z. B. WTEST.TXT).

Starten Sie danach Word und laden Sie dann die Datei WTEST.TXT. Sie werden feststellen, daß Ihr Einnahmen/Ausgabenbericht nun im Textfenster angezeigt wird.

MS-Money-Tabelle bearbeiten

Damit Ihre Tabelle ein passables Aussehen erhält, müssen Sie nun noch einige Veränderungen vornehmen.

Aktivieren Sie den Befehl *Wechseln*, um folgende Zeichen auszutauschen:

ASCII	Sonderzeichen	Umlaute
196	-	Ä
228	Σ	ä
214	π	Ö
246	÷	ö
252	η	ü
220	∎	Ü
223		ß

Eingabe bei der Option *Ersetze*:

- Geben Sie den ASCII-Wert für das entsprechende Zeichen ein. Möchten Sie "-" durch "Ä" ersetzen, dann halten Sie die Alt-Taste gedrückt und geben auf dem Zahlenblock Ihrer Tastatur den Wert 196 ein. Daraufhin wird das entsprechende Zeichen angezeigt.

Eingabe bei der Option *Durch*:

- Geben Sie den Buchstaben "Ä" ein.

Nach der gleichen Methode verfahren Sie bei den anderen Umlauten. Den jeweiligen ASCII-Wert für die Sonderzeichen können Sie der oben abgebildeten Tabelle entnehmen.

Anschließend verändern Sie die Abstände der Tabulatoren im Zeilenlineal. Mit Alt+F1 gelangen Sie in das Lineal und können dort die Tabulatoren setzen bzw. löschen.

10.2.2 Übernahme von Berichten in Lotus 1-2-3

Eine weitere DOS-Anwendung, in die Sie Berichte aus MS-Money einbinden können, ist die weitverbreitete Tabellenkalkulation Lotus 1-2-3. Betätigen Sie hier wieder die Schaltfläche *Exportieren*, um Ihren Bericht in einem Exportformat abzuspeichern.

Wechseln Sie nach Lotus 1-2-3 und laden Sie dort mit der Befehlsfolge *Transfer/Fremd/Zahlen* die soeben erstellte Datei.

Da alle Einträge beim Exportieren durch Tabulatoren getrennt wurden, geschieht das Einlesen problemlos, und Sie haben nun jeden Eintrag in einer einzelnen Zelle untergebracht.

Sie werden aber feststellen, daß hier wieder Probleme auftauchen. Zum einen handelt es sich um die nicht korrekte Umwandlung der Umlaute und von "ß". Zum anderen werden nur Teile Ihres Textes angezeigt, da die Breite der Spalten schlicht und einfach zu gering ist.

Sonderzeichen durch Umlaut austauschen

Die Umlaute erhalten Sie, indem Sie die Sonderzeichen durch den entsprechenden Umlaut austauschen.

ASCII	Sonderzeichen	Umlaute
196	-	Ä
228	Σ	ä
214	π	Ö
246	÷	ö
252	η	ü
220		Ü
223	∎	ß

Greifen Sie nun zunächst auf die oben abgebildete Tabelle zurück, mit der Sie bereits in Word die Umlaute austauschen konnten. Mit Hilfe dieser Tabelle können Sie nun über die Befehlsfolge *Bereich/Ersetze* die entsprechenden Änderungen vornehmen.

Bei der ersten Abfrage geben Sie den ASCII-Wert des Zeichens an, das Sie ersetzen wollen (z. B. 222 für ¨). Dies geschieht durch Halten der Alt -Taste und der Eingabe der Zahlenkombination auf Ihrem Ziffernblock. Nachdem das Zeichen auf dem Bildschirm erscheint, bestätigen Sie Ihre Eingabe mit Enter .

Bei der zweite Abfrage geben Sie das Zeichen an, das Sie einsetzen wollen, also z. B. "ä". Bestätigen Sie auch diese Eingabe mit Enter .

Danach wählen Sie den Befehl *Alle*. Lotus wird danach in allen Zellen nach dem Zeichen suchen und dieses ersetzen.

Je nach Größe der Tabelle kann dies einige Zeit in Anspruch nehmen.

Gehen Sie nun bei allen restlichen Zeichen auf die gleiche Weise vor.

Auch die Verbreiterung der Spalte ist unproblematisch.

Bewegen Sie den Cursor zunächst in die Spalte, deren Breite Sie verändern wollen. Wählen Sie danach die Befehlsfolge *Arbeitsblatt/Spalte Bestimmen* aus. Hier können Sie den Cursor so lange nach rechts bewegen, bis alle Ihre Texteinträge vollständig angezeigt werden. Bestätigen Sie dies mit Enter und nehmen Sie sich die nächste zu verbreiternde Spalte vor.

Nachden Sie nun den Bericht in Lotus 1-2-3 importiert haben, können Sie vielfältige Berechnungen durchführen, wie z. B. die Ermittlung von Summen, Durchschnittswerten und ähnlichen Dingen.

Weiterhin haben Sie natürlich auch hier die Möglichkeit der grafischen Darstellung einer Tabelle.

Das Importieren von Berichten in Lotus 1-2-3 für Windows geschieht übrigens auf die gleiche Weise, wie bereits bei Word für Windows erläutert.

11. Wie kann ich...?

Dieses Kapitel ist als Schnellübersicht für Ihr tägliches Arbeiten gedacht. Es soll Ihnen helfen, wenn Sie sich einmal schnell orientieren möchten, wie Sie eine bestimmte Aufgabenstellung schnell bewältigen können.

Außer bei den Punkten bei denen der Eintrag *Voraussetzung:* erscheint, wird bei den einzelnen Erklärungen davon ausgegangen, daß Sie sich in MS-Money befinden und bereits eine Datei geöffnet haben.

Bei den Angaben zur Tastaturbedienung bedeutet+ein gleichzeitiges Betätigen der dort angegebenen Tasten.

Da dieses gleichzeitige Betätigen in der Regel unmöglich ist, empfiehlt es sich in diesem Fall, die zuerst genannte Taste zu drücken und zu halten und danach die andere Taste zusätzlich zu drücken.

Nacheinander zu betätigende Tasten werden in diesem Kapitel mit , abgetrennt. Die aufgelisteten Themen sind in alphabetischer Reihenfolge angeordnet:

Ausgaben verbuchen 280

Barkonto einrichten 280
Bericht anpassen 280
Berichte drucken 281
Berichte erstellen 281

Wie kann ich...?

Berichte speichern 281
Btx-Bankverbindung eintragen 282
Vom Btx-Konto Kontostandsabfragen vornehmen 282
Auf dem Btx-Konto Überweisungen vornehmen 283
Buchungen als verrechnet kennzeichnen 283
Buchungen löschen 283
Buchungen sortieren 284
Buchungen splitten 284
Nach Buchungen suchen 284
Budget erstellen 285

Datei öffnen 285
Datei schließen 285

Einnahmen verbuchen 285
Einnahmen/Ausgabenberichte erstellen 286
In MS-Money Einstellungen verändern 286
Neue Empfänger eintragen 286
Empfänger löschen 287
Empfängerliste auswählen 287

Girokonto einrichten 287

Hilfe erhalten 288

Kategorien auswählen 288
Kategorien hinzufügen 288
Kategorien löschen 289
Kennwort aufheben 289
Kennwort vergeben 289
Konten abstimmen 290
Alle Konten anzeigen lassen 290
Konten als Listen drucken 290
Neue Konten anlegen 290
Konten benennen 291
Konten öffnen 291
Konten schließen 291
Konten umbenennen 292
Kontoliste auswählen 292
Kreditberichte erstellen 292
Kredite abstimmen 293
Kredite anzeigen lassen 293
Kredite und deren Kosten berechnen 293
Kredite einrichten 294

Kredite löschen 294
Kreditkartenkonto einrichten 294

Lernmodus von Btx aktivieren 295

Modem-Setup durchführen 295
MS-Money installieren 296
MS-Money starten 296
MS-Money verlassen 296

PIN ändern 297

Steuerbericht erstellen 297

Neue TAN eintragen 297
Taschenrechner verwenden 298

Überweisungen zwischen eigenen Konten vornehmen 298
Aus Unterkategorien auswählen 298
Unterkategorien erstellen 298
Unterkategorien löschen 299

Vermögensbericht erstellen 299
Vordrucke aufrufen 299

Währungsliste auswählen 300

Zukünftige Zahlungen auflisten 300

Ausgaben verbuchen

Tastatur:

Spalte *Nr.*, *Datum*, *Empfänger*, *Zahlung* ausfüllen, `Enter`-Taste.

Maus:

Siehe Tastatur.

Barkonto einrichten

Tastatur:

`Alt`+`K`, n für *Neues Konto*, `Enter`-Taste, Kontoname eingeben, a für *Kasse oder anderes Konto*, `Enter`-Taste.

Maus:

Symbolleiste *Konto: neues Konto*, Kontoname eingeben, Kontotyp Barkonto, *OK*.

Bericht anpassen

Voraussetzung:

Sie befinden sich im Bericht.

Tastatur:

`A` für *Anpassen*.

Maus:

Anpassen.

Berichte drucken

Voraussetzung:

Sie befinden sich im Bericht.

Tastatur:

D für *Drucken*, Bereich festlegen, A für *Alle* und S für *Seiten*, Enter-Taste.

Maus:

Drucken, Bereich festlegen, *OK*.

Berichte erstellen

Tastatur:

Alt + R für *Bericht*, Auswählen mit Cursortaste, Enter-Taste.

Maus:

Bericht in der Menüleiste. Berichtsart auswählen.

Berichte speichern

Voraussetzung:

Sie haben einen Bericht erstellt.

Tastatur:

S für *Speichern*, Enter-Taste.

Maus:

Speichern, OK.

Btx-Bankverbindung eintragen

Tastatur:

`Alt`+`X` für *Btx*, `R` für *Konto einrichten*, Eintragungen vornehmen und `Enter`-Taste.

Maus:

Menüleiste *Btx*, *Konto einrichten*, Eintragungen vornehmen, *Setup*.

Vom Btx-Konto Kontostandsabfragen vornehmen

Voraussetzung:

Sie verfügen über ein Btx-Konto. Die notwendigen Modemeinstellungen wurden vorgenommen.

Tastatur:

`Alt`+`X` für *Btx*, `S` für *Kontostandabfrage*.

Maus:

In der Menüleiste *Btx*, *Kontostandsabfrage*.

Auf dem Btx-Konto Überweisungen vornehmen

Voraussetzung:

Sie verfügen über ein Btx-Konto. Die notwendigen Modemeinstellungen wurden vorgenommen.

Tastatur:

`Alt`+`X` für *Btx*, `W` für *Überweisungen*.

Maus:

Btx, Überweisungen.

Buchungen als verrechnet kennzeichnen

Tastatur:

`Strg`+`M`.

Maus:

Bearbeiten, Als verrechnet markieren.

Buchungen löschen

Tastatur:

`Alt`+`B` für *Bearbeiten*, `L` für *Buchung löschen*, Sicherheitsabfrage mit `Enter`-Taste bestätigen.

Maus:

Bearbeiten, Buchung löschen, Sicherheitsabfrage mit *Ja* bestätigen.

Buchungen sortieren

Tastatur:

`Alt`+`A` für *Ansicht:* in der Symbolleiste, Sortierkriterium mit Cursortaste auswählen.

Maus:

Ansicht: in der Symbolleiste, Sortierkriterium auswählen.

Buchungen splitten

Tastatur:

`Strg`+`P`, *Ausgabe* oder *Einnahme* mit `Tab`-Taste auswählen, Buchung eintragen.

Maus:

In der Symbolleiste dritten Knopf von rechts anwählen, Buchung eintragen.

Nach Buchungen suchen

Tastatur:

`Strg`+`S` für *Suchen.*

Maus:

In der Symbolleiste das Symbol mit der Lupe.

Budget erstellen

Tastatur:

`Alt`+`L` für *Liste*, `B` für *Budget*, mit Cursortaste Kategorie auswählen, mit `Tab`-Taste Betrag zuweisen.

Maus:

Liste, *Budget*, Kategorie auswählen, Feld für Betrag anwählen, Summe eingeben.

Datei öffnen

Tastatur:

`Alt`+`D` für *Datei*, `F` für *Öffnen*, mit Cursortaste Dateiname auswählen, `Enter`-Taste.

Maus:

Datei, *Öffnen*, Dateiname doppelt anklicken.

Datei schließen

Geschieht automatisch beim Erstellen einer neuen Datei, oder beim Öffnen einer anderen Datei.

Einnahmen verbuchen

Tastatur:

In der Spalte *Nr.* Schecknummer oder Btx eingeben, Felder für *Datum*, *Empfänger/Memo* und *Einzahlung* ausfüllen, `Enter`-Taste.

Maus:

Siehe Tastatur.

Einnahmen/Ausgabenberichte erstellen

Tastatur:

[Alt]+[R] für *Bericht*, mit Cursortaste *Einnahmen und Ausgaben* wählen, [Enter]-Taste.

Maus:

Bericht, Einnahmen und Ausgaben.

In MS-Money Einstellungen verändern

Tastatur:

[Alt]+[O] für *Optionen*, [E] für *Einstellungen*.

Maus:

Optionen, Einstellungen.

Neue Empfänger eintragen

Tastatur:

[Alt]+[L] für *Liste*, [E] für *Empfängerliste*, [Alt]+[N] für *Neu*, Namen eintragen.

Maus:

Liste, Empfängerliste, Neu, Name eintragen, OK.

Bei der Eingabe einer Buchung können Sie einfach einen neuen Empfänger eingeben.

Empfänger löschen

Tastatur:

[Alt]+[L] für *Liste*, [E] für *Empfängerliste*, Empfänger auswählen, [Alt]+[C] für *Löschen*.

Maus:

Liste, *Empfängerliste*, Empfänger auswählen, *Löschen*.

Empfängerliste auswählen

Tastatur:

[Alt]+[L] für *Liste*, [E] für *Empfängerliste*.

Maus:

Liste, *Empfängerliste*.

Girokonto einrichten

Tastatur:

[Alt]+[K], [N] für *Neues Konto*, [Enter]-Taste, Kontoname eingeben, [B] für *Bankkonto*, [Enter]-Taste.

Maus:

Symbolleiste *Konto: Neues Konto*, Kontoname eingeben, Kontotyp *Barkonto*, OK.

Wie kann ich...?

Hilfe erhalten

Tastatur:

`F1`.

Maus:

? in der Menüleiste, oder die Schaltfläche ?.

Kategorien auswählen

Tastatur:

`Alt`+`L` für *Liste*, `A` für *Kategorienliste*, mit Cursortaste auswählen.

Maus:

Liste, Kategorienliste.

Bei einer Buchung wählen Sie im Feld *Kategorien* direkt die entsprechende Kategorie aus.

Kategorien hinzufügen

Tastatur:

`Alt`+`L` für *Liste*, `A` für *Kategorienliste*, `Alt`+`N` für *Neu*, Name der neuen Kategorie eintragen, `Enter`-Taste.

Maus:

Liste, Kategorienliste, Neu, Name eingeben, OK.

Kategorien können Sie auch bei einer Buchung einfach neu eingeben.

Kategorien löschen

Tastatur:

[Alt]+[L] für *Liste*, [A] für *Kategorienliste*, Kategorie mit Cursortaste auswählen, [C] für *Löschen*.

Maus:

Liste, Kategorienliste, Kategorie anklicken, *Löschen*.

Kennwort aufheben

Voraussetzung:

Die entsprechende Datei ist geladen mit dem gültigen Kennwort.

Tastatur:

[Alt]+[O] für *Optionen*, [N] für *Kennwort*, keine Eingabe sondern nur [Enter].

Maus:

Optionen, Kennwort, OK.

Kennwort vergeben

Tastatur:

[Alt]+[O] für *Optionen*, [N] für *Kennwort*, Kennwort eingeben, [Enter]-Taste.

Maus:

Optionen, Kennwort, Kennwort eingeben, OK.

Konten abstimmen

Tastatur:

[F9].

Maus:

Optionen, Konten abstimmen.

Alle Konten anzeigen lassen

Tastatur:

[Alt]+[K] für *Konto:* in der Symbolleiste, [A] für *Alle Konten*, [Enter]-Taste.

Maus:

Konto: in der Symbolleiste, *Alle Konten*.

Konten als Listen drucken

Tastatur:

[Alt]+[L] für *Liste*, [K] für *Kontoliste*, [Alt]+[B] für *Bericht*, [D] für *Drucken*.

Maus:

Liste, Kontoliste, Bericht, Drucken.

Neue Konten anlegen

Tastatur:

[Alt]+[K] für *Konto:* in der Symbolleiste, [N] für *Neues Konto*, [Enter]-Taste.

Maus:

Konto: in der Symbolleiste, *Neues Konto.*

Konten benennen

Tastatur:

[Alt]+[K] für *Konto:* in der Symbolleiste, [N] für *Neues Konto*, [Enter]-Taste, Name eingeben.

Maus:

Konto: in der Symbolleiste, *Neues Konto*, Name eingeben, OK.

Konten öffnen

Tastatur:

[Alt]+[K] für *Konto:* in der Symbolleiste, Kontoauswählen mit Cursortaste.

Maus:

Konto: in der Symbolleiste anwählen, Konto auswählen.

Konten schließen

Geschieht durch Öffnen eines anderen Kontos.

Konten umbenennen

Tastatur:

`Alt`+`L` für *Liste*, `K` für *Kontoliste*, Konto mit Cursor auswählen, `Alt`+`D` für *Ändern*, neuer Name eingeben, `Enter`-Taste.

Maus:

Liste, Kontoliste, Konto auswählen, Ändern, neuer Name eingeben, OK.

Kontoliste auswählen

Tastatur:

`Alt`+`L` für *Liste*, `K` für *Kontoliste*.

Maus:

Liste, Kontoliste.

Kreditberichte erstellen

Voraussetzung:
Kredit ist bereits eingerichtet.

Tastatur:

`Alt`+`L` für *Liste*, `R` für *Kreditliste*, Kredit mit Cursortaste auswählen, `Alt`+`B` für *Bericht*.

Maus:

Liste, Kreditliste, Kredit anklicken, Bericht.

Kredite abstimmen

Voraussetzung:

Kredit ist bereits eingerichtet.

Tastatur:

`Alt`+`F` für *Fenster*, `R` für *Kreditbuch*, `F9` für *Abstimmen*.

Maus:

Fenster, Kreditbuch, in der Symbolleiste das Icon *Waage* anklicken.

Kredite anzeigen lassen

Voraussetzung:

Kredit ist bereits eingerichtet.

Tastatur:

`Alt`+`L` für *Liste*, `R` für *Kreditliste*.

Maus:

Liste, Kreditliste.

Kredite und deren Kosten berechnen

Tastatur:

`Alt`+`O` für *Optionen*, `K` für *Kreditrechner*.

Maus:

Optionen, Kreditrechner.

Kredite einrichten

Tastatur:

`Alt`+`L` für *Liste*, `R` für *Kreditliste*, `Alt`+`E` für *Erstellen*, anschließende Fragen beantworten.

Maus:

Liste, Kreditliste, Erstellen, anschließende Fragen beantworten.

Kredite löschen

Voraussetzung:

Kredit ist bereits eingerichtet.

Tastatur:

`Alt`+`L` für *Liste*, `R` für *Kreditliste*, mit Cursortaste Kredit auswählen, `Alt`+`C` für *Löschen*.

Maus:

Liste, Kreditliste, Kredit anklicken, *Löschen.*

Kreditkartenkonto einrichten

Tastatur:

`Alt`+`K`, `N` für *Neues Konto*, `Enter`-Taste, Kontoname eingeben, `R` für *Kreditkartenkonto*, `Enter`-Taste.

Maus:

Symbolleiste *Konto: Neues Konto,* Kontoname eingeben, Kontotyp *Kreditkartenkonto, OK.*

Lernmodus von Btx aktivieren

Voraussetzung:

Sie befinden sich bei der Eingabe der Bankverbindung (*Btx, Konto einrichten*) und ein Modem ist installiert.

Tastatur:

Im Feld *Bankname* einen nicht vorgegebenen Namen eingeben. Übrige Felder ausfüllen, `Enter`-Taste.

Maus:

Im Feld *Bankname* einen nicht vorgegebenen Namen eingeben. Übrige Felder ausfüllen, *Setup.*

Modem-Setup durchführen

Voraussetzung:

Modem vorhanden.

Tastatur:

`Alt`+`X` für *Btx,* `E` für *Einstellungen,* nach Auswahl des Typs `Alt`+`O` für *Modem Setup.*

Maus:

Btx, Einstellungen, Modemtype auswählen, *Modem Setup.*

MS-Money installieren

Voraussetzung:

DOS und Windows ist bereits installiert. Windows starten, die MS-Money-Diskette einlegen, *Datei/Ausführen*, A:SETUP oder B:SETUP eingeben, `Enter`.

MS-Money starten

Voraussetzung:

Windows ist bereits gestartet.

Tastatur:

Auf Icon für MS-Money mit der `Tab`-Taste gehen, `Enter`.

Ist Windows noch nicht geladen, geben Sie in DOS

```
WIN C:\MSMONEY\MSMONEY
```

ein. Windows und MS-Money werden geladen.

Maus:

Doppelklick auf das Icon von MS-Money.

MS-Money verlassen

Tastatur:

`Alt`+`F4`.

Maus:

Datei, Beenden.

PIN ändern

Voraussetzung:

Konto ist als Btx-Konto eingerichtet.

Tastatur:

`Alt`+`X` für *Btx*, `R` für *Konto einrichten*, `Alt`+`P` für *Pin ändern*.

Maus:

Btx, Konto einrichten, Pin ändern.

Steuerbericht erstellen

Tastatur:

`Alt`+`R` für *Bericht*, `T` für *Steuerbericht*.

Maus:

Bericht, Steuerbericht.

Neue TAN eintragen

Voraussetzung:

Konto ist als Btx-Konto eingerichtet.

Tastatur:

`Alt`+`X` für *Btx*, `R` für *Konto einrichten*, `Alt`+`T` für *TANs hinzufügen*.

Maus:

Btx, Konto einrichten, TANs hinzufügen.

Taschenrechner verwenden

Tastatur:

`Strg`+`T`.

Maus:

Optionen, Taschenrechner.

Überweisungen zwischen eigenen Konten vornehmen

Im Kontobuch durch Auswahl der Kategorie *Überweisung*. Das entsprechende Konto befindet sich bei den Unterkategorien.

Aus Unterkategorien auswählen

Erfolgt bei der Eingabe einer Buchung durch Auswahl im Feld *Unterkategorie*.

Unterkategorien erstellen

Tastatur:

`Alt`+`L` für *Liste*, `A` für *Kategorienliste*, Kategorie mit Cursortaste auswählen, `Alt`+`E` für *Neu* (neue Unterkategorie).

Maus:

Liste, *Kategorienliste*, Kategorie auswählen, unterhalb der Unterkategorienliste *Neu* klicken.

Neue Kategorien und Unterkategorien können Sie auch während eines Buchungsvorgangs eingeben. Diese werden nach Rückfrage übernommen.

Unterkategorien löschen

Tastatur:

[Alt]+[L] für *Liste*, [A] für *Kategorienliste*, mehrmals die [Tab]-Taste betätigen bis Cursor sich in der Auswahlliste befindet, Cursortaste nach unten betätigen, [H] für *Löschen*.

Maus:

Liste, *Kategorienliste*, Unterkategorie auswählen, *Löschen*.

Vermögensbericht erstellen

Tastatur:

[Alt]+[R] für *Bericht*, [V] für *Vermögensbericht*.

Maus:

Bericht, *Vermögensbericht*.

Vordrucke aufrufen

Tastatur:

[Alt]+[F] für *Fenster*, [V] für *Vordrucke*.

Maus:

Fenster, Vordrucke oder wenn das Kontobuch nicht im Vollbildmodus dargestellt wird, das Symbol für *Vordrucke* anklicken.

Währungsliste auswählen
Tastatur:

`Alt`+`L` für *Liste*, `W` für *Währungsliste*.

Maus:

Liste, Währungsliste.

Zukünftige Zahlungen auflisten
Tastatur:

`Alt`+`F` für *Fenster*, `Z` für *Zukünftige Zahlungen*.

Maus:

Fenster, Zukünftige Zahlungen.

12. Tastenfunktionen

Taste	Funktion
Alt + F4	MS-Money beenden
F1	Aufruf der Online-Hilfe
F5	Zuweisung auf einen Eintrag bei gesplitteten Buchungen
F6	Verteilung auf alle Einträge bei gesplitteten Buchungen
F9	Konto abstimmen
F10	Aktivieren der Menüleiste
Strg + B	Gespeicherte Berichte aufrufen
Strg + C	Kopieren in die Zwischenablage
Strg + G	Gehe zu
Strg + I	Zukünftige Zahlungen eingeben
Strg + L	Hauptzeilenansicht/Volle Buchungsansicht
Strg + M	Buchungen als verrechnet markieren
Strg + P	Gesplittete Buchungen eingeben
Strg + R	Rechnungen bezahlen
Strg + S	Suchen
Strg + T	Aufruf des Windows-Taschenrechners
Strg + V	Einfügen aus der Zwischenablage
Strg + X	Ausschneiden in die Zwischenablage
Strg + Z	Rückgängigmachen der letzten Aktion

Tastenfunktionen

Stichwortverzeichnis

Abgabenordnung 19
Abhebung 181
Abschlußtilgung 130, 131
ADDT 247
Aktivkonten 233
Anlagegüter 78
Anlagekonto 76, 78, 200, 213
Anpassungen 86, 134, 233
Anschaffungswert 200
Anschlußmöglichkeit 240
ANSI 265, 271
Anzeigeoption 55
Aufbewahrungspflicht 20, 21
Aufwand 192
Ausgabekategorie 57, 73
Ausgaben 68
Ausgabenbericht 189
Ausgangskonto 162
AutoBudget 119

Balkengrafik 194
Bankinformationen 80
Bankkonto 76, 138
Bankkontobuch 76
Bankname 253, 254, 295
Bargeldausgaben 103, 139, 144
Bargeldkonto 101, 139, 213
Barscheck 181
Barzahlung 143
Baud 239
Benzingeld 213
Bericht 17, 84

Art 158, 188
   Erstellung 158
   exportieren 266
   Generator 81, 86, 111, 179
   Wesen 187
Bildschirmseite 238, 256
Bildschirmtextsystem 237
Bit pro Sekunde 239
Btx 17, 28, 49, 166, 237
Buchführungspflicht 19
Buchführungsprogramm 15
Buchungsbericht 107
Buchungscoach 49, 99
Budget 117
   -bericht 123
   -erstellung 119
   -erstellung,manuelle 120
   -liste 122, 154
   -planung 16
   -posten 121
Büroausgaben 213

Cash-Flow 192
COM 240
COM1 246
COM2 246

Datei
   -Manager 38
   öffnen 59
   sichern 113
Dateien exportieren 263
Dateien importieren 263
Datenaustausch 265
Datensicherheit 21
Datumsbereich 134, 198
DCD 248
Detailbudget 122
Detailstufe 202, 233
Diagramm 16, 27, 194, 199
Dialogbefehl 247
DP 247
Druckereinrichtung 62
DSR 248

DTR 248

Einkommensaufstellung 192
Einkommensteuererklärung 195
Einnahmekategorie 68
Einnahmen 68
Empfänger 81
Empfängerliste 82
Excel 266

Fenster 31
Forderungen 163
Formkaufleute 19
Füllmuster 194

Gesamtguthaben 108
Gesamtvermögen 189, 200, 202
Geschäftsausstattung 213, 222
Geschäftskategorien 67, 70, 192, 214
Gesplittete Buchung 180
Girokonto 98, 139
Girokontobuch 104, 142, 158, 218, 224
GoB 19
GoS 20
Grafiken exportieren 270
Grundbuchfunktion 19
Grundsätze ordnungsgemäßer Buchführung 19
Grundsätze ordnungsgemäßer Speicherbuchführung 20
Gutschrift 181

Hauptausgangskabel 241
Hauptkategorien 68
Haushaltsbudget 118
Hayes-Modem 246
Hilfetext 54, 134
Hilfsprogramm 99, 173, 174
Home-Banking 17, 49
Hypothekenkredite 174

Icons 35
Identifikationsnummer 243
IRQ 246

Jahressaldo 198

Kasse 77
Kategorie 67
 -typen 191, 198, 232
 -vorschläge 69
 Eingaben 106
 Liste 71, 141, 154, 195, 229
Klassifikation 53, 89
Konten
 -art 98, 214
 -rahmen 22
 -typ 76, 109, 139, 202, 233
Konto 74
 -änderungen 78
 -auszüge 257
 -buch 53, 57, 101
 -erstellung 97
 -limit 80
 -liste 80, 100, 214
 -listenbericht 80
 -saldo 100
 -standsabfrage 244, 257
 abstimmen 148
Korrekturbuchungen 223
Kredit 117
 -angaben 225
 -beginn 175
 -bericht 189, 204, 227
 -betrag 130
 -buch 204
 -buchungsbericht 204
 -karte 146
 -kartenkonto 76, 138
 -konditionen 204
 -liste 173
 -listenbericht 204
 -rechner 16, 129, 172
 -summe 175
 -verwaltung 176
Kreditkonditionen 131
Kundenliste 216

Laufzeit 130
Lernmodus 252

Listbox Buchungen 51
Listbox Konto 50
Lohnsteuerjahresausgleich 155
Löschvorgang 82
Lotus 1-2-3 274

Mehrfrequenz-Leitung 247
Memofeld 52
Menüeintrag 93
Menüleiste 48
Mietobjekt 91
MNP 249
Modem
    -einstellungen 255
    -kabel 241
    -karten 239
    externes 238
    internes 238
Monatssaldo 198
MS-Money
    geschäftliche Anwendung 18
    installieren 41
    private Anwendung 18

Nebenausgangskabel 241

Online-Hilfe 301

Papierzufuhr 89
Passivkonten 235
Paßwortschutz 261
PIN 243
Postgirokonto 255
Privatkategorie 67, 96, 138
Programm-Manager 30
Programmende 102, 114
Programmstart 53
Projektliste 216
Prozentzahl 110, 191, 235
Pulldown-Menü 41
Pulswahlverfahren 247

Qif 265
Quicken 266

Sammelbericht 109
Schnittstelle,serielle 240
Sicherung 61
Sparbuchkonto 139
Splitbuchungen 170
Steckverbindungen 240
Steuerbericht 73, 189, 195, 229
Steuererklärung 229
Symbolleiste 50, 182
System
   -datum 104
   -steuerung 88
   -voraussetzungen 25

TAE-Dose 240
TAE-Norm 240
TAN 243
Taschenrechner 117, 123
Taskliste 33
Teilnehmerdaten 249
Telekom 241, 247, 250
Telefax 239
Testkonto 252
Textformat 89, 133
Tilgung 177
Tilgungsplan 132
Titelleiste 31, 32, 48
Tonwahlverfahren 247
Tortengrafik 153, 194
Transaktionsnummern 243

Überschußrechnung 189, 231
Übersichten 17
Übertragungsrate 239, 247
Überweisung 161
Umsatzsteuer
   -anteil 209
   -bericht 189, 208
   -satz 73, 231
   -voranmeldung 208, 230
Unterkategorie 68, 74, 109, 191, 195, 198, 233, 298
Unterklassifikation 92

Vermögen
    Aufstellung 233
    Bericht 111, 151, 189, 200, 233
    Bestand 226
    Gegenstand 201
    Übersicht 201
    Werte 200
Vordrucke 158
Voreinstellungen 54, 56, 164
Vorsteuer 22, 208

Wählbefehl 247
Wählpause 248
Währungsrechner 117, 126
Warntermin 165
Wechselkurs 126
Wechselkursbericht 128
Werbungskosten 156
Windows 14, 26, 28
WinWord 269
Word für Windows 269

Zahlungsbetrag 130
Zahlungserinnerung 163, 167
Zahlungsfrequenz 130, 175
Zeilenanzahl 190, 198
Zielkonto 162
Zins 132
Zinsanteil 207
Zinsberechnung 174
Zinsen 177
Zinssatz 130
Zukünftige Zahlungen 16, 57, 164
Zusatzbuchung 201
Zwischenablage 38, 268

DATA BECKER

Durchstarten in eine neue Tool-Dimension

Die BeckerTools deluxe 2 liegen vor: Mit 20 erweiterten oder neuen Hilfsprogrammen, die die täglichen Routinen, aber auch schwierige Situationen (wie etwa Datenverlust) zum Kinderspiel werden lassen.

BeckerTools deluxe 2 ist eine Hilfsprogramm-Sammlung, die große Leistungsfähigkeit und Benutzerfreundlichkeit einmalig kombiniert. Ob Sie Disketten unterschiedlicher Formate kopieren oder Dateien platzsparend komprimieren, ein einheitliches Symbolsystem sorgt für vorbildliche Übersichtlichkeit.

BeckerTools deluxe 2
(3¹/₂"-HD-Disketten)
unverb. Preisempfehlung:
DM 198,–
Bestell-Nr.: 352030

- 20 professionelle Tools
- Intuitive Shell, Disk Info
- Undelete-Modul, Dateisuche
- Leistungsstarke Archiv-Programme
- Drei verschiedene Editoren
- Festplatten-Komprimierung
- Disketten Service u.v.a.m.

Vielen Dank!

Wenn Sie Ihr Buch nicht von hinten nach vorne studieren, dann haben Sie jetzt den ganzen Band gelesen und können ihn an Ihren eigenen Erwartungen messen. Schreiben Sie uns, wie Ihnen das Buch gefällt, ob der Stil Ihrer "persönlichen Ader" entspricht und welche Aspekte stärker oder weniger stark berücksichtigt werden sollten. Natürlich müssen Sie diese Seite nicht herausschneiden, sondern können uns auch eine Kopie schicken; für längere Anmerkungen fügen Sie einfach ein weiteres Blatt hinzu. Vielleicht haben Sie ja auch Anregungen für ein neues Buch oder ein neues Programm, das Sie selbst schreiben möchten.

Wir freuen uns auf Ihren Brief!

Mein Kommentar: _____

_____

_____

_____

❏ Ich möchte selbst DATA-BECKER-Autor werden.
    Bitte schicken Sie mir Ihre Informationen für Autoren.

Name _____

Straße _____

PLZ Ort _____

Ausschneiden oder kopieren und einschicken an:
DATA BECKER, Abteilung Lektorat
Merowingerstr. 30, 4000 Düsseldorf 1

440 625

DATA BECKER

PC Praxis: Ihr zuverlässiger Partner

Ob Einsteiger, Fortgeschrittener oder Profi – wer die neuesten Entwicklungen auf dem PC-Markt miterleben will, der liest die PC Praxis.

Monat für Monat finden Sie hier das Know-how, das Sie sofort nutzen können. Unter Rubriken wie Praxis-Tests, DOS-Praxis, Software, Hardware, Windows-Praxis bekommen Sie alle Informationen rund um den Personal Computer.

Immer verbunden mit zahlreichen praktischen Tips und Tricks. Dazu aktuelle Berichte, unabhängige Produkt-Tests, gut recherchierte Hintergrundberichte usw. usw. Das ist PC-Praxis in Reinform.

Holen Sie sich diese Praxis! Monat für Monat neu im Zeitschriftenhandel.

- Praxis-Tests
- Hardware und PC Tuning
- DOS-Praxis
- Software
- Windows-Praxis
- Aktuelles, Shareware u.v.a.m.